KB160482

그리스
미학 기행

지중해의 태양에
시간을 맞추다

그리스
미학 기행

글·사진 **김진영**

일러두기

이 글의 본문에 인용된 고전의 출처는 다음과 같다.

『비극의 탄생』, 프리드리히 니체, 김대경 옮김, 청하

『파우스트』, 요한 볼프강 폰 괴테, 정서웅 옮김, 민음사

『그리스인 조르바』, 니코스 카잔차키스, 이윤기 옮김, 열린책들

『모레아 기행』, 니코스 카잔차키스 지음, 이종인 옮김, 열린책들

『시지프 신화』, 알베르 카뮈, 김화영 옮김, 책세상

『안과 겉』, 알베르 카뮈, 김화영 옮김, 책세상

『결혼, 여름』, 알베르 카뮈, 김화영 옮김, 책세상

『태양의 후예』, 알베르 카뮈, 김화영 옮김, 책세상

『이방인』, 알베르 카뮈, 김화영 옮김, 책세상

『지중해의 영감』, 장 그르니에, 함유선 옮김, 청하

『섬』, 장 그르니에, 함유선 옮김, 청하

Prologue - 다시 떠나다 '모든 것을 과도하게'

하룻밤이면 바짝 말라버리는 과일 껍질마냥 눈주름이 그렇다.
안경 없이 거울을 들여다보니 그 주름이 쉽게 보였을 리 없다.

김 서린 거울을 문질러놓고 가까이 대어 본다.
주름이 눈두덩을 비켜 가 길게 늘어져 있다.
아, 이 주름을 보면서 왜 축 늘어진 쇠서가 생각났을까

주름이 어떻게 더 파일까 생각해본다.
서른, 남은 시간을 고민할 때 없던 주름이
서른 중반, 얼굴에 깊숙이 자리했다.

그때 다시 떠났던 것은 정말 다행이다.
지금 주름을 확인하고 떠나지는 못했을 것이다.

아내의 크림을 듬뿍 찍어 주름 사이를 채워놓았다.
이제 없는 척 숨길 뿐이지, 없앨 수는 없다.
서른여섯 해, 내 눈가에 깊은 시(時) 골을 확인하다.

그곳으로 다시 떠나다

그리 오래전 일도 아니다. 스무 살 청춘의 기억도, 다시 떠나야겠다고 마음먹은 결심도 오래된 일이 아니다.

애초 계기가 되었던 것은 니체의 『비극의 탄생』이었다. 철학을 전공했던 학부 시절 전공 첫 수업이 그리스 철학이었는데 교수가 첫날 소개한 책이 청년 니체의 저서였다. 나는 지적인 욕망이 그리도 큰 흥분을 가져다주는지 처음 알았다. 그 얄팍한 책에는 그동안 밤새 읽어 내려갔던 인간과 예술에 대한 근원적인 질문이 담겨 있었다. 외경심을 넘어선 시기와 질투마저 느꼈다. 무엇보다 예술의 탄생 같은 실체 없는 질문이 '그리스 비극'이라는 뚜렷한 원형과 연결되어 있다는 사실이 갓 스물을 넘긴 청년의 열망을 부채질했다. 그곳으로 가야 했다.

내가 그리스를 처음 찾은 기억은 이것이다.

그 대담한 모험을 오랫동안 감추어두었다. 시간이 흐른 후 나는 습관에서 벗어날 수 없는 일상을 살고 있었다. 직장에서 인정받고, 수입도 괜찮았다. 하지만 잠을 자지 못했다. 매일 같은 내용의 꿈을 꾸고 있었다. 그리고 같은 말을 중얼거리며 일어났다.

"En agan, 모든 것을 과도하게."

그 글귀는 아이기나 섬에 있는 카잔차키스의 대문 위에 적혀 있었다. 무모했던 스무 살의 모험에서 이 문구를 보고 얼마나 위안을 받았는지 모른다. 열정이 가득했던 그때를 생각하면 나는 불행했다. 이 불행을 건디면 더 큰 성취와 보상이 올 거로 생각했다. 하지만 불행을 참는 것이 인생의 교훈이 될 수는 없다.

"위대한 비이성적 모험은 영원히 되풀이되어야 하는 것이다."
─『모레아 기행』, 니코스 카잔차키스

그래서 다시 떠났다. 그리스로.

그곳에서 돌아보기 위해서

『비극의 탄생』에는 예술 탄생에 대한 명쾌한 해석이 있었다. 나는 대학 시절 대담하게도 문학과 미술을 창조하는 근원적인 '무엇'을 찾는 데 열중했다. 진지했고, 열정적이었지만 한 번의 무모한 여행과 도서관에서 소일로 청춘은 빨리도 지나갔다.

십여 년이 지난 후 경영 및 출판 콘텐츠 기획자였던 나는 매번 회의마다 원천소스의 중요성을 강조했었다. 어느 날 그렇게 중요하다던 원천소스가 없는 삶이 걱정되었다. '콘텐츠가 핵심이다'라고 말하면서도 자신은 콘텐츠(내용물) 없는 인생을 살아가고 있는 부조리함을 의식하게 된 것이다.

그때 청춘의 콘텐츠 '예술의 탄생'을 확인하기 위해 다시 한번 그리스로 대담하게 떠났다. 다행히 시간이 갈수록 분명하게 그 '무엇'

을 찾아가고 있다. 철학과 미술사 공부를 거쳐 문화재를 연구하고 전문작가가 되는 데는 예술의 탄생을 따져 보던 그때 그 청춘의 열망이 시작이었다. 그다음은 다시 떠나는 용기가 필요했을 뿐이다.

이 여행이 오래 이어졌던 것은 떠난 이유가 하나였기 때문이다. 무엇보다 다시 떠난 그 이유를 제목에 붙여야겠다는 생각에 '예술 탄생지, 그리스'를 찾은 데서 『그리스 미학 기행』이라는 제목을 붙이게 되었다.

책은 여러 번에 걸친 두터운 기록이 바탕이 되었지만 다녀온 횟수에 비해 정작 그리스는 사람도, 풍경도 그대로였다. 이 글의 시점을 어디다 맞춰야 할지 큰 고민이 필요 없었다. 책은 온전히 지중해의 태양이 뜨고 지는 시간에 맞추었다. 미리 밝히지만 그리스의 주인공은 한낮의 태양이다.

이 책은 미노아, 미케네, 고전 시기, 비잔틴의 미술과 신화, 철학, 문학, 종교에서 발견한 예술의 의미를 담은 그리스 인상기이다.

또한 이 글은 지중해의 태양을 일러준 알베르 카뮈, 니코스 카잔차키스, 장 그르니에, 괴테와 니체, 하이데거 같은 미학적 로고스(logos)를 일러준 이들에 대한 찬사의 글이기도 하다. 여전히 그들이 말한 대로 지중해는 태양이 빛났고 그 아래 그리스는 이중적이며 모호했다. 그 이중성이 과거 신화시대부터 이어져 온 그리스인의 근원적 바탕이며 니체는 그것을 아폴론과 디오니소스의 이름으로 불렀다. 그리스 예술의 탄생은 바로 여기서 시작한다.

오래전부터 수많은 예술가와 인문학자들은 고전적 가치를 찾기 위해 그리스를 찾았다. 비록 현대 그리스는 여러 어려움을 겪고 있지만 변하지 않는 사실은 그곳이 예술탄생지라는 오랜 가치이다. 시의에 상관없이 그리스를 찾는 이유는 단 한 가지 이다. 존재하는 것 이전의 탄생의 순간을 확인하는 기쁨이다. 여전히 그리스에서 예술 탄생의 무엇을 확인할 수 있던 것은 여행자로서 충분히 고마워할 일이다.

한낮의 태양, 비극의 탄생지, 조르바의 노새, 그리고 지중해가 주는 영감까지, 떠남이 준 큰 위안을 여전히 되뇐다.

"모든 것을 과도하게."

2012년 6월

그리스 여행자 김 진 영

차례

Ⅲ. 디오니소스에게 예술 탄생을 구하다

Ⅳ. 그리스인 조르바에게 유토피아를 묻다

I
그리스의 영광은 아테나에게

Mitrópoli, Athene

Acropolis, Athene

Agora, Athene

Kerameikós, Athene

Soúnio

시의時宜에 반하는 것
출발, 아테네

시의(時宜)에 반하는 것,

나의 고백에 따르면
분명 '불확실한 것'을 따르는
지금의 솔직함은 시간에 반하는 것이 맞다.

하지만 오직 '확실한 것'을 따르는 것이라면
진실에 반하는 것,
네 삶에 반하는 것.

다시 떠나는 일은 많은 시간이 걸리지 않았다. 미련이 있을 때야 주저하지만 선택하고 나면 쉽게 정리되기 마련이다. 급하게 구한 항공권, 손이 가는 책, 충분한 노트, 가벼운 운동화가 모든 준비의 다였다. 꽤 오랫동안의 일정이지만 가방은 단출했고 남겨진 것들은 무거웠다. 떠남의 의미에 비해 결정은 빨랐고 주저하지도 않았다. 단지 그때였을 뿐이지 이미 다시 떠날 준비를 하고 있었다.

급하게 구한 두바이를 경유한 경로는 늦은 밤 출발해 시차 대부분을 환승 구역에서 보냈다. 수많은 사람이 사막의 신기루 같은 이 도시를 거쳐 간다. 이 오아시스를 거쳐 가는 사람들은 절반은 경계의 눈빛으로 절반은 지친 눈으로 환승 구역에 있다. 자신의 신발을 벗어 두고 잠을 청하는 사람들의 고단함이 두렵다. 관습적이고 반복되는

일상에 제 갈 길을 내려놓는다. 다른 시간에서 출발하여 이곳의 새벽 시간에 시계를 맞춘다. 나는 아직 떠나온 곳의 시간을 셈하며 졸음을 참고 있다. 내가 맞출 시간은 여기가 아니라 지중해의 태양이다.

만 하루 만에 도착한 4월의 아테네는 아직 여름이 오기 전이다. 빛에 바랜 듯한 색감, 건조한 바람, 환한 빛, 나른한 오후까지 기대했던 대로 여전하다. 의사당이 있는 신타그마 역에 내려 주위를 둘러보았다. 광장에는 부동자세의 근위병이 여전히 꼿꼿하고 건너 내셔널가든의 나무도 충분히 울창하다. 광장 반대편 골목으로 들어서자 오래 다져진 옛 거리가 시작되었다. 기억보다 앞서는 것이 감(感)이라고 하지 않았는가? 아니면 십여 년이 지나도 그대로인 이곳의 더딘 시간 때문일까? 펼쳐 든 지도를 깨끗이 접고 예전에 묵었던 작은 숙소

아테네의 도로는 지상전차로 어지러이 선이 엉켜 있다. ♥오른편은 왕실의 정원이었던 내셔널가든이고 정면의 건물은 의사당이다. 멀리 보이는 언덕은 리카비토스 언덕으로 정상에 전망대와 극장이 있어 아테네 시민들이 즐겨 찾는 휴식처다.

신타그마 광장의 의사당, 이 건물 앞에서는 근위병 교대식이 열린다. 건물 하단에는 전쟁 중 전사한 용사들에 대한 기념조각이 세워져 있다. 아테네의 정치적 상징 공간으로 현대 아테네의 아고라이다.

를 향해 길을 잡았다.

유난히 높은 나무 판문과 부실한 시건장치, 오래된 배수관에서 물 내리는 소리에 잠을 설치던 그때 숙소 이름은 쿠로스(kuros)였다. 그 자리에 그대로 있었다. 청년의 조각상을 뜻하는 쿠로스에는 이번 주까지는 자리가 없다고 했다. 옛 주인의 딸로 보이는 중년 여인은 부탁하지도 않았는데 다른 숙소를 알려주며 친절히 약도까지 그려준다. 연신 길을 알겠느냐며 확인하고서는 분주히 자리를 뜬다.

미트로폴리 대성당 쪽으로 난 길로 돌아나가자 네펠리라는 이름의 호텔을 쉽게 찾았다. 그리스의 상점이나 호텔은 대부분 가족이 운영하고 가장인 남자가 손님을 맞기에 주인을 알아보는 것은 어렵지 않다. 검은 곱슬머리를 한 주인은 연신 웃으면서도 가격 흥정에는 제 기준으로 선을 긋는다. 이곳의 사람들은 순박해 보이면서도 셈에 능하다.

아테네에서 한동안 머물 생각에 멀지 않은 곳에 있는 시장을 찾아갔다. 노점상이 뒤섞인 모나스티라키 역을 지나 아티나스 거리를 따라 시장을 향했다. 구도심을 벗어나면 아테네의 거리는 특색 없는 콘크리트 건물이 연이어져 있다. 건물 사이로 난 시장은 우리 재래시장과 별 차이 없을 정도로 밀집된 상점으로 이어져 있고 호객 소리

대통령궁의 근위병, 의사당 뒤에는 대통령궁이 있다. 의사당과 대통령궁에는 근위병들이 지키고 있는데 전통 의상에서 유래한 근위병의 복장이 눈길을 끈다.

가 가득했다. 가만히 보니 시장 상인은 모두 남자이다. 여기에 물건을 사러 나온 사람들까지 역시 남자들뿐이다. 그리스는 보수적인 가족제도가 여전하지만 이런 풍경은 오랫동안 투르크인의 지배를 받은 영향과도 무관하지 않다. 시장 풍경은 오히려 이슬람 시장의 분위기와 비슷하다.

과일 상점에는 여행자로 보이는 어린 여성이 과일을 고르고 있었다. 상인은 능글맞은 표정으로 여자의 얼굴을 살피며 희롱하는 듯한 말을 내뱉는다. 곧 봉투에 이리저리 오렌지 몇 개를 넣고는 언제 그랬느냐는 듯 뻔뻔스럽게 가격을 말한다. 그리스 남자 특유의 퉁명스러움이 넘쳐난다. 영악한 오디세우스(Willy Odysseus)야말로 그리스 남자들을 설명하는 가장 명쾌한 단어다. 오디세우스는 호메로스가 쓴 서사시 오디세이아의 주인공으로 트로이 전쟁에서 활약으로 아킬레우스의 투구를 받은 인물이다. 그는 전쟁을 마치고 돌아오며 긴 모험을 하게

아테네 시장풍경, 시장은 이슬람권 국가들의 시장 풍경과 비슷해 상인과 손님 모두 남자들이다. 아테네에서 며칠 묵을 생각이라면 모나스티라키 역에서 걸어서 시장을 찾아보는 것도 좋은 방법이다. 그리스는 여전히 신선한 농산물을 구하기 쉬운 나라이다. 과일과 각종 농산물, 건조시킨 간식거리도 다양하게 판다.

되는데 이를 헤쳐가는 대담함, 용기, 지혜뿐 아니라 적절한 속임수 등으로 영웅이 되어 귀환하게 된다. 영웅 오디세우스의 특징은 바로 속임수를 통해서라도 고난을 벗어나는 영악함에 있다. 이 영웅은 바다에서 갖은 고난과 역경을 거쳐 제집으로 돌아오는 그리스 남성의 전형이다.

얼굴이 붉어지며 당황한 어린 여행자의 표정을 보자 저희끼리 끼드득거리며 웃어댔다. 옆에서 지켜보던 내게도 그 모습이 재밌지 않으냐며 동의를 구하는 표정을 짓는다. 나는 얼른 포도와 오렌지를 가리키며 그들의 웃음을 잘라버렸다. 호기심뿐 아니라 셈에도 빠른 이 친구들은 얼른 내 손가락이 가리키는 과일을 담는 데 열중했다. 표정으로 말하는 기분은 어디서든 통하는 모양이다. 기껏 해봐야 같은 나이대의 이 상인은 쌀쌀맞은 표정의 여행자에게 더 동의를 구하지 않았다. 그 사이 시장의 유일한 여성이었던 어린 친구들은 사라졌다.

늦은 오후가 되자 거리의 타베르나에는 깨끗하게 면도한 젊은 남자들과 시원스런 화장을 한 여자들이 하나 둘 자리를 잡고 있다. 호기심 가득한 눈빛과 생기 넘치는 표정, 약간의 퉁명스러움을 가진 젊은이들은 활력이 넘친다.

사람들이 모이자 플라카 거리의 개들도 하나 둘 테이블 아래로 들어온다. 그리스의 개들은 음식 따위를 구걸하기 위해 모여들지 않는다. 단지 테이블 아래 자리가 낮잠을 즐길 제자리이기 때문이다. 물론 개의 주인은 식당주인도 웨이터도 아니다. 그냥 그곳에 개가 살 뿐이

플라카 거리 오후의 카페, 젊은 여성들은 세련된 옷차림을 하고 표현도 적극적이다. 뾰쪽한 형태의 코를 Greek nose라고 하는데 조각상뿐 아니라 실제 그리스 여인들의 얼굴에서도 쉽게 찾아볼 수 있다.

다. 가끔 젊은 여성들이 송아지만 한 덩치에 놀라지만 개는 그 소리도 아랑곳하지 않고 턱을 괸다. 관광객들이 몰리는 유적지에는 시에스타에도 대부분의 상점이 문을 여나 개들은 오롯이 낮잠을 즐긴다.

건물 사이로 보이는 높은 고대 도시에는 처녀신에게 바친 신전이 여전하다. 고르고 골랐던 기념품도 여전하고 머리를 잘 빗어 넘긴 사내들의 얼굴도 여전하다. 나는 지난 시간 그리도 무던해져 갔지만 여기 시간은 떠나온 그대로다.

여행자의 시간은 언제나 떠나온 시간에서 멈춰져 있다. 일상의 아무런 부담도, 생활의 분주함도 없는 이방인에게 시간은 관대하다. 멈춘 곳에서 시간은 멈추고 다시 시작한 곳에서 출발한다. 하지만 시간

음식과 차, 술을 파는 타베르나는 가장 대중적인 식당이다. 해당 지역의 음식을 다 포함하며 간단한 메뉴도 있어 부담 없이 찾을 수 있다. 타베르나 비잔티노에는 제자리가 있는 한 마리의 개가 있었다. 이름도 있으니 기억해둔다면 웨이터에게 알은 체를 해도 좋다. 몇 시에 나타날지도 알려준다.

바람신의 탑과 아크로폴리스, 플라카, 모나스티라키 거리는 파르테논 신전이 있는 아크로폴리스 아래 아고라 주변으로 넓게 퍼져 있다. 어디서든 건물 사이로 이 고대 신전을 볼 수 있다.

플라카 거리의 그리스 국기. 아테네 거리 곳곳에 깃발이 걸려 있는데 이와 관련된 다양한 기념품도 쉽게 구할 수 있다.

모나스티라키 역 부근에는 상설 벼룩시장이 있지만 일요일이면 구도심 곳곳에서 벼룩시장이 열린다. 아주 오래된 우표부터 각종 잡지, 배지, 기념주화 같은 수집품이 많이 나온다. 오래된 수집품에 관심이 있다면 찾아볼 만하다.

'그리스의 눈'은 크게 뜬 푸른 눈 형상으로 불행을 막는다는 의미가 있다. 악마의 눈이라고도 불리며 지중해 일대에 널리 퍼진 상징이다.

은 흘러가기 마련이다. 시간에서의 해방감은 '순간순간'일 뿐이다.

시간을 이기는 것보다 더 중요한 것은 공간을 서서히 채워가는 힘이다. 서둘러 가는 길이 두렵다고 느낀 적이 왜 없겠는가. 속도를 내어 오르는 길은 시간을 짧게 이겨낼 수는 있다. 하지만 지나쳐버린 공간은 결코 기억할 수 없다. 언제나 그 공간은 이겨내지 못한 공백으로 남을 뿐이다. 하지만 공간을 서서히 지나쳐간 사람은 두려움이 없다. 오래된 돌과 도시의 좁은 길, 그 모든 '공간 속의 시간'을 기억한다.

아내는 잠깐 쉬어갔던 타베르나의 위치에 대한 정확한 기억을 말할 때면 다시 묻곤 한다.

"아니 어떻게 그 '때'를 다 기억해요?"

그녀는 정확히 말했다. 내가 기억하는 것은 '그곳'뿐 아니라 '그 순간'까지다. 서둘러 갔던 사람들이 결코 밟지 못한 길을 걷고 또 걸었기 때문이다. 그래서 돌아보면 지나왔던 모든 길을 기억하고 있다. 길과 그 시간을 모두 다 가진 자는 공간을 두 다리로 걷는 자이다.

아테네의 오래된 거리는 내게 절대적인 시간 속 공간이다. 십수 년의 시간이 지났지만 그때 청춘의 격정이 고스란히 남아 있었다. 시의(時宜)에 반하는 발걸음으로 여기 온 것은 바로 시의를 거스를 공간이 여기 있기 때문이다. 다가올 시간은 늘 결과만 중요할 뿐이다. 그곳에 빠르게 가는 것이 중요하지 않다. 그곳에 있는 무언가가 중요하다. 남의 이야기가 아닌 내 이야기를 다시 찾으러 왔다. 무모했던 예술에 대한 오랜 관심과 호기심이 이곳에는 여전히 남아 있다.

여기, 바로 여기에서 지중해의 태양에 시간을 다시 맞춘다.

의사당의 근위병

플라카 거리의 호텔 네펠리

내셔널가든

아고라 내 아탈로스의 스토아

플라카 거리 　　　그리스 국기를 소재로 한 기념품

그리스의 축구 기념품

벼룩시장의 각종 수공예품

하드리아누스 도서관 옆 벼룩시장

신을 믿는 자는 으레 자신을 죄악시한다.
네가 예수를 죽였느냐고 물어보면 그렇다,
그럼 네가 예수를 살렸느냐 물어보면 아니라 한다.

죽였으되 살리지 못하고
스스로 부활하셨으니
눈물을 흘리고 감사기도를 올려야 한다.

4월이 되면 아이들은 꽃을 꺾어 마을성당에 가져다 놓았다.
갈 길 바쁜 어른들에게도 기꺼이 나눠주었다.
나는 그 아이들에게 감사의 인사를 건넨다.
아이들은 쑥스러운지 몇 번이나 웃으며 돌아본다.

눈물의 감사 대신 꽃을 나눈 감사의 기쁨이 더 크다.
그날은 그리스 부활절이었다.

그리스식 부활절

미트로폴리 대성당, 아테네

이른 아침부터 종소리가 계속 울려댄다. 고단함에 몸을 돌려 뒤척이다가 괜히 제집이 아닌 곳에서 달게 잤다는 생각이 들자 그제 야 딱딱한 침대가 불편해진다. 다시 종소리가 울린다. 채 십 분도 안 된 듯한데 오늘 아침은 유난히 자주 들린다.

아침 식사를 하러 내려가자 주인은 주말이 부활절임을 알려준다. 그러자 경쟁이라도 하듯 여기저기 예배당에서 종소리가 울려대기 시작한다. 그리스의 도시에서 종소리는 일상적이다. 시간에 맞춰 적 당한 간격을 지키는 듯 하지만 때로는 아이들이 사정없이 매달려 장 난치기도 한다. 여기 종은 땡땡거리는 여러 개의 벨(bell) 형태라 한 국 종의 긴 맥놀이가 주는 여운과는 전혀 다른 느낌이다. 무질서하 게 울리지만 짧게 치는 소리 사이에 리듬이 생기기도 한다. 부활절

을 앞두고서는 종소리 간격은 더 짧아진다.

부활절이라는 말에 호텔에서 십 분 거리에 있는 미트로폴리 대성당으로 향했다. 이 성당은 그리스 정교회의 본당이다. 정교회 국가에서는 부활절이 가장 큰 종교행사인데 세속화가 덜 된 국가일수록 부활절 전의 사순절(49일간의 금식)도 엄격히 지킨다. 그리스인들의 일상생활은 종교와 깊이 연결되어 있다. 이날은 부활절 전 금요일로 메갈로 파라스케비, 영어로 '굿 프라이데이'라고 부른다.

대성당 광장으로 이어진 아드리아누 거리의 보석 상점에는 사자 머리를 뒤집어쓴 헤라클레스 등 여러 가면이 걸려 있었다. 하나하나 유심히 살펴보자 여주인이 나왔다. 검은 옷에 손목에는 묵주를 말고 있다. 부활절 인사를 건네자 여행자에게서 받은 부활절 인사가 반가

대성당으로 향하는 거리에는 성화 재료와 작품을 파는 곳이 몇 군데 있다.
정교회의 성화는 이콘(icon)이라고 불린다.

미트로폴리 대성당, 성당은 19세기 근대 그리스 독립 후 아테네의 72군데의 부서진 예배당 대리석으로 만들어졌다고 한다. 정교회뿐 아니라 그리스의 주요 행사가 열리는 곳이다.

파나기아 고르고에피쿠스 성당, 미크로 미트로폴리(작은 대성당)라고 불리는 이 작은 성당은 대성당 바로 옆에 있다. 12세기 건물로 다양한 시기의 조각이 있어 벽면을 따라 천천히 돌아 볼 것을 권한다.

운지 환하게 웃으며 말을 건넨다.

"아시아인 것 같은데 정교회 신자인가요?"

"아니요, 정교회는 아니지만 예전에 가톨릭 세례를 받기는 했습니다."

이 여인은 한 발 더 가게 밖으로 나오더니 고개를 끄덕이며 말한다.

"세례명도 있겠군요?"

"예, 프란치시코입니다."

"아, 아시지의 프란치시코!"

여인은 손을 모으고서는 프란치스코 성인의 수도가 예수의 고행과 닮았다며 약간은 흥분된 목소리로 말을 이었다. 그리고 예수가 영적인 부활을 했으니 얼마나 기쁜 날이냐면서 곧 눈물을 흘렸다. 고개를 끄덕이며 그녀의 말을 한참 듣고 있사 내게 친절히 부활절 축복을 받는 법을 일러주었다.

"저기 대성당에 들어가서 꼭 양초에 불을 밝히세요."

"양초? 그 초가 어떤 의미인가요?"

"부활한 예수님의 진리를 나눠 가지는 거예요. 그리고 오늘밤에 부활초를 들고 거리로 나서는 거예요. 예수님의 길을 따라나서는 거죠."

미술사를 공부하다보면 주요 연구 대상이 종교미술이다. 그래서 동양의 미술사는 불교 이해가 기본이고 서양 미술사는 기독교의 이해가 기본이다. 어릴 적 개신교, 불교에서 이미 세례를 받고서도 가톨릭까지 세례를 받은 것은 서양미술에 대한 호기심 때문이었다.

철학적 물음의 첫 번째는 결국 인간의 존재성이다. 인간의 존재성을 따져 들다 보면 결국 신의 존재에 대한 의문으로 이어지기 마련이다. 그런 자에게는 신은 믿음의 대상이 아니라 물음의 대상이 될 뿐이었다. 신을 믿기보다 신이 존재하는지 의구심을 가지는 쪽에 가까웠다. 솔직히 그 여인의 눈물을 이해하지 못했다. 당황스럽기도 했다. 부활절의 의미도 종교미술을 이해하는 수준에 충분했던 내게 그리스 여인의 눈물은 그들의 일상이 어디와 연결되어 있는지 생각해 보는 계기가 되었다.

여인의 인사를 뒤로하고 대성당 앞 광장을 가로질러 높다란 문 앞

조각된 부조에는 여러 동물의 형상이 있다. 그중 두 마리의 독수리는 비잔틴 황제와 정교회의
상징으로 통한다.

아드리아누 거리에는 보석상점이
많이 있다. 그리스 여인들은 화려한
보석 장신구에 대한 관심이 많다.
비교적 괜찮은 가격에 여러 장신구
를 살 수 있다. 특히 종교적 상징이
있는 펜던트나 그리스의 눈 등을 추
천한다.

에 섰다. 줄을 서 있는 몇을 따라 안으로 들어가자 어두운 실내에는
사람들이 기도를 하고 있었다. 통로 가운데에는 꽃으로 장식한 예수
상과 화려한 꽃상여가 있었고 그 앞의 둥그런 촛대에 여인이 말한 부
활초가 가득 꽂혀 있었다. 줄은 선 사람들은 순서대로 그 초에 불을
밝히고 기도를 했다.

　종교에서 빛은 생명과 깨달음을 세상에 널리 알리는 상징이다. 부
활초가 생명의 빛이며 예수의 부활이 주는 의미를 상징하듯 동양의
불교에서도 중생을 구원하는 깨달음의 빛이다. 부활초와 마찬가지

로 불교에도 연등이 있다. 연꽃모양의 등불은 깨달음을 상징하는 연꽃에 불을 밝히는 것이다.

불교 경전 현우경에는 난타라는 여인의 연등이야기가 나온다. 난타는 아주 가난해 다른 제자들처럼 풍족하게 공양을 올리지 못하였다. 하지만 어려이 돈을 모아 기름을 사 작은 연등 하나를 밝히며 누구보다 간절하게 빌었다고 한다. 긴 밤이 지나자 다른 등불은 하나둘 꺼졌지만 난타의 등불만이 꺼지지 않았다고 한다. 모두 등을 바쳤지만 부처의 깨달음을 진실로 따르는 자의 등만 꺼지지 않은 것이다. 사찰로 이어진 긴 길에 연등이 줄지어 있듯이 부활절 예수의 길을 따르는 부활초의 의미도 이와 다르지 않다.

뒤편에 앉아 붉은 부활초와 한껏 야생화로 장식한 예수상을 한참 바라보았다. 4월이면 그리스의 들판은 야생화가 가득하다. 작은 마

대성당의 부활초. 부활절 주간이 되면 사람들은 줄을 서서 부활초에 불을 밝힌다. 부활절 주간 그리스에는 다양한 축제와 행사가 있다. 지방을 여행한다면 부활절 일요일 마을에서 자연스레 축제에 어울릴 수도 있다. 부활절과 야생화가 만개한 4월이 그리스를 여행하기에 좋은 시기이다.

을의 소녀들은 부활절이 있는 메갈리 에브도마다(수난주간)가 되면 예수와 그 관을 장식할 꽃을 찾아 종일 들판을 뛰어다닌다. 미케네에서 오래된 성채 사이로 야생화를 한 움큼 안은 아이들을 마주친 적이 있었다. 아이들은 나와 눈이 마주치자 꽃 몇 줄기를 경쾌한 인사와 함께 건네주고 재잘거리며 뛰어갔다. 이런 경험은 오래전부터 변하지 않은 그리스의 4월 풍경 같은 것이다. 카잔차키스는 그의 여행기에 이와 비슷한 풍경을 묘사한 적이 있는데 실제 꽃을 건네는 모습을 눈앞에서 보자 그리스에서 시간을 따져보는 것은 그리 영리한 행동이 아님을 알게 되었다. 시간은 여지없이 흐르지만 풍경은 변하지 않고 있다. 엄숙해 보이는 분위기와 달리 부활절은 지금도 어린 소녀들의 꽃놀이 같은 기분 좋은 풍경으로 이어진다.

어둠에 눈이 익숙해질 때쯤 말은 사라지고 빛과 그 빛을 응시하는 기도소리만 이어졌다. 부활초가 녹아내리듯 예수를 감싼 꽃도 시들기 마련이다. 영원히 타오르는 빛은 없고 영원히 피는 꽃도 없다. 그럼에도 우리는 꺼지지 않는 '기적'을 믿는다. 예수의 부활도, 난타의 연등도 사그라지지 않는 믿음의 빛을 의미하는 것이다.

내 빛은 사라지지만 그 빛은 사라지지 않으리라는 기대, 사라지지 않는 빛은 어둠을 이겨내는 푸른 희망이 될 것이다. 높이 세운 대에 등을 걸었다고 해서 세상을 다 밝힐 수는 없는 법이다. 하지만 그렇게 세운 등이 하나 둘 줄지어 이어져 어둠에 지친 이들에게 제 갈 길의 희망을 준다면 그 길이 예수가 갔던 길 아닌가?

부활절 다음날인 일요일에는 마치 고대 축제를 연상시키듯 떠들

썩하게 웃고 즐기는 그리스인을 볼 수 있다. 부활절에는 예수가 마치 제집으로 돌아온 고대 영웅의 대접을 받았다. 그저 죄의식에 고개 숙였던 서방교회와 달리 울고도 웃는 모호한 신앙을 가진 이들의 한 단면을 보는 듯했다. 손을 모은 여인의 눈물과 재잘거리는 아이들의 야생화, 오래 이어온 그리스식 부활절 풍경이다.

그리스의 야생화, 4월에서 5월까지 그리스의 들판에 수많은 종류가 피어난다. 약 6천여 종 이상이라고 하며 오직 그리스에서만 자생하는 꽃이 대부분이다. 4월 부활절이 다가오면 시골마을의 아이들은 이 꽃을 따서 예수와 성모상 앞에 가져다 놓는다.

아드리아누 거리의 기념품

타베르나의 부활절 음식

미트로폴리 광장

미트로폴리 광장의 비잔틴 황제 동상

정교회 사제

오래된 길, 오랜 땅
아크로폴리스,
케라메이코스, 아테네

죽은 자의 묘석이 세워진 작은 길을 걷다 보면
살아 있는 자의 큰 길이 부끄러워진다.
무너져 내린 묘석의 돌덩이가
그 어떤 기둥보다 묵직한 것은 왜일까?

인간이 세운 돌은 무너져 흙으로 돌아가지만
죽은 자의 돌은 오랜 시간 제자리를 지킨다.
감히 그 돌을 치울 용기가 없기 때문이다.

그 굳건한 돌 앞에서 침묵한다.
이것이 삶을 다시 생각하게 하는 오랜 방법이다.

간혹 아테네의 하늘은 지중해답지 않았다.

그리스의 봄은 여름에 비한다면 날씨가 좋은 편이 아니다. 여름이 가까워질수록 맑은 날이 이어지지만 4월까지는 흐린 날도 종종 있다. 더군다나 아테네 날씨는 지중해 도시답지 않게 답답한 공기와 우중충한 하늘이 매일 같다. 시작이 아테네지만 얼른 숙제를 마치고 작은 지중해 마을로 가고 싶다는 생각이 간절하다. 하지만 아테네에서는 해야 할 숙제가 많다.

아테네의 유적지 수는 많지만 대부분 아크로폴리스를 중심으로 걸어서 돌아볼 만하다. 하지만 유적지가 다양하고 시대도 고전 시기부터 근대까지 광범위하니 어떻게 돌아볼지, 어떻게 정리해야 할지 매번 고민되는 것이 숙제 같다. 몇 번을 열흘 이상씩 머물렀지만 아

테네에서의 여정은 명쾌하게 정리되지 않았다.

처음 아테네를 왔을 때는 두꺼운 책을 들고 무작정 돌아다녔다. 두 번째에는 인상 깊었던 곳이나 필로파포스 언덕과 프닉스 언덕에 올라 아테네를 내려다보는 방식을 택했다. 이 방식은 밀린 숙제의 범위를 한눈에 볼 수 있었다. 세 번째에는 몇 번의 경험을 바탕으로 준비한 지도에 선을 긋고 길을 따라갔다.

오래된 도시는 시간이 지나면 예전 모습을 잃기 마련이다. 특히 고대도시가 현대도시로 이어질 경우 각종 개발로 예전 모습을 쉽게 찾기 어렵다. 하지만 급격한 변화에도 반드시 남게 되는 땅이 있다. 의도적으로 잘 보존된 궁이나 신전뿐 아니라 고분이나 옛 묘지 구역이 바로 그렇다. 특히 오래된 도시일수록 공동묘지는 큰 규모로 있

디오니소스 거리에서 본 아크로폴리스. 아크로폴리스를 사이에 두고 반대편에는 디오니소스 거리가 있는데 이 길 양편에는 하드리아누스 개선문과 필로파포스 언덕이 이어져 있다. 개선문 밖에는 큰 규모의 제우스 신전이 있다.

아크로폴리스의 에레크테이온. 여인상 기둥으로 유명한 이 건축물은 이오니아 양식으로 기원전 421년경 세워진 것으로 전해진다. 아테네의 전설적 왕의 이름을 딴 이 건축물은 성상을 모신 3개의 공간으로 구성되어 있어 후에 다양한 용도로 사용되는데 한때 투르크 총독 부인을 위한 사적인 공간(하렘)으로 이용되기도 했다.

기 마련이고 숱한 파괴와 변화에도 망자의 땅은 신성한 곳이라 잘 보존된다. 아테네의 그 땅을 찾아 몇 개의 선을 그어보자 공간 구성의 뚜렷한 의도가 보였다. 드디어 숙제를 해결할 코드를 찾은 것이다.

그리스는 도시국가(폴리스)의 공간적 전형성을 가지고 있었다. 도시를 수호하는 신전이 높은 곳에 위치하고 그 아래 인간들이 생활하는 광장과 시장, 공공기관이 자리하는 형태였다. 신전 구역은 아크로폴리스, 그 아래 공간은 아고라로 통칭되며 신의 도시와 인간의 도시로 나뉜 형태이다. 아테네 역시 아크로폴리스에 파르테논 신전을 정점으로 그 아래 아고라가 이어져 있는데 그 연결선의 끝은 또 하나의 도시, 죽은 자의 도시로 이어져 있다. 아고라를 지나 서측으로 이어진 길을 따라가다 보면 야생화가 가득한 한적한 유적지가 나오는데 이곳이 케라메이코스로 고대 공동묘지이다. 기원전 12세기 이전부터 사용됐으니 아크로폴리스와 아고라의 건립 시기인 기원전 5세기보다 훨씬 오랜 땅이다.

땅을 찾으면 길을 찾는 것이 다음이다. 가장 오래된 땅이니 가장 오래된 길도 있을 것이다. 원래 공동묘지는 성 밖에 만드는 것이니 케라메이코스 부근에 아테네의 성채가 있었음을 생각해보기는 어렵지 않다. 실제 아고라 방향의 케라메이코스 입구에는 고대 문 초석과 기단부가 남아 있고 그 이름은 히에라 성문이다. 이 성문을 기점으로 안쪽으로는 아고라를 지나 아크로폴리스로 이어지는 길이, 밖으로는 케라메이코스를 지나 고대 엘레우시스 방면으로 길이 연결된다. 히에라는 '성스러운'이라는 뜻으로 성문이 종교적 의미와 연관이 있음을 알 수 있다.

성 밖으로 길이 이어진 엘레우시스는 지하세계의 신 하데스에게 잡혀간 페르세포네가 일 년에 한 번 그의 어머니 데메테르를 만나러 오는 성소로 지하세계와 연결된 동굴 플루토니온이 있다. 지상과 지하를 잇는 연결통로가 있는 엘레우시스는 기원전 15세기 이전부터 이를 기념하는 의식이 행해졌던 곳이다.

이 엘레우시스를 아테네의 공간과 연결하면 성스러운 문을 중심으로 산 자의 땅인 아고라를 지나 신의 땅 파르테논 신전으로 이어지고 반대편으로는 죽은 자의 땅 케라메이코스를 지나 지하세계로 연결된 엘레우시스로 향하게 되는 오래된 길이 이어져 있다. 흥미롭게도 아크로폴리스에 올라가서 이 오래된 길을 연결하면 도시를 구성하는 공간의 위계가 분명해진다. 천상의 세계에 닿아 있는 신전은 가장 높은 곳에서, 인간의 터인 아고라는 지상에서, 망자는 지상의 땅을 판 케라메이코스에서, 마지막으로 엘레우시스는 지하세계로 연결된다.

아테네에는 두 개의 고대 종교행사가 있었는데 하나는 도시의 수호신인 아테나를 모신 판아테나이아 축전이고 또 하나는 엘레우시스 의식을 위한 행렬이었다. 불멸의 신을 위한 오르는 행렬과 죽은 자의 부활을 기원하는 내리는 행렬의 출발점이 바로 케라메이코스가 위치한 히에라 문이다. 신과 인간, 망자, 지하로 연결된 하나의 길이 지금은 이름만 남아 아크로폴리스로 향하는 길의 이름은 판아테나이아 길로, 엘레우시스로 향하는 길은 히에라호도스(성스러운 길)

로 불렸다.

케라메이코스는 찾는 이가 없는 곳이다. 아무렇게나 핀 야생화와 작은 육지 거북이 느릿느릿 기어가는 이곳에는 남겨진 자가 정리한 묘석이 자리를 지키고 있다. 보석을 만지고 있는 여성, 가족과 이별하는 장면, 살아 있을 때 적을 무찌르던 영광스러운 장면이 높다란 묘석에 조각되어 있다.

살아남은 자들이 로고스를 무기로 논쟁하는 아고라의 격함과 달리 이곳은 간단한 몇 줄의 문구로 사람들에게 자신을 명쾌하게 설명하고 있다. 또한 묘석의 조각된 얼굴은 짧았던 삶보다 더 긴 시간 죽음과 마주하고 있다. 그래서 더 진중하고 담담한 인상이다. 신과 인간을 위한 열주보다 죽은 자의 묘석으로 사용된 돌이 더 오래 남아, 격한 논쟁보다 더 깊이 삶을 돌아보게 하는 이유는 무엇일까?

아탈로스의 스토아, 아고라에 위치한 3층의 이 아케이드는 1950년대에 록펠러 2세의 기증으로 기존의 기단부에 재건된 건축물이지만 높고 깊은 회랑이 인상적이다. 현재 아고라에서 발굴된 유물의 박물관으로 사용되고 있다.

아고라 내에 있는 헤파이스테이온으로 그리스 신전 중 가장 보존상태가 좋다. 신전 유적 대부분은 기둥만 남아 있는데 상단부와 내부를 확인할 수 있는 몇 안 되는 건축물이다. 특히 천장과 대들보에 채색흔적이 남아 있어 채색된 신전의 원형을 더듬어 볼 수 있다. 기원전 450년경 건물로 추정된다.

아크로폴리스에서 바라본 아고라. 아래 보이는 신전이 아고라 내의 헤파이스테이온이고 북동쪽에 멀리 보이는 녹지가 케라메이코스이다.

케라메이코스는 신과 인간 사이의 중간적 객체, 망자의 땅이다. 죽었으되 인간은 아니고 그렇다고 신도 아닌 떠도는 자들의 낮은 도시이다. 이천 년이나 이어졌다는 엘레우시스의 제의는 그 영혼을 위한 위안이었을 것이다. 지하세계에서 하데스의 아내로 지내다 남은 달을 지상에서 보내러 돌아오는 제 딸을 향한 애절함은 그래서 더 열렬했을 것이다. 사람들은 엘레우시스로 향하는 길에서 입을 다물고 신비스런 제의에 대해 비밀을 지킬 것을 맹세했다. 대신 제 가족을 만나길 기대하고 죽어 묻힐 자신의 내일을 생각했다. 어떤 신을 위한 제의보다, 산 자를 위한 축전보다 오래 이어진 이유가 여기 있을 것이다. 살아남는 방법을 논쟁하자면 끝이 없다. 하지만 죽은 자를

케라메이코스로 난 히에라 성문 터. 지금은 성문 주변부의 각종 건물 기단부만 남아 있는 상태이다. 성문 터 바로 바깥으로 티시온 역이 있다.

케라메이코스 쪽에서 바라본 아고라와 아크로폴리스, 판아테나이아 길로 연결되었다.

대하는 방법은 긴말이 이어지지 않는다. 그것은 긴말보다 깊은 사색과 진지함을 요구하기 때문이다.

아무리 길게 제 이력을 붙여놓고 멋진 연설로 포장해도 들리는 것은 군중의 웅성거림뿐이다. 산 자의 도시에서는 그 분주함과 웅성거림에 편안하지 않다. 늘 아테네에 오래 머물렀지만 헐벗은 언덕과 거친 돌부리가 가득한 펠로폰네소스의 마을이 더 생각나는 것은 그곳에 자신을 마주할 충분한 시간이 있기 때문이다.

케라메이코스의 문에서 멀지 않은 곳에 유명한 플라톤의 아카데미아가 있었다. 하지만 철학의 발생지라는 영광스럽지만 고루한 명성을 어디서 찾을 수 있겠는가. 필로파포스 언덕의 소크라테스 감

판아테나이아 길, 아크로폴리스 언덕으로 향하는 아고라 내에 짧은 흔적이 남아 있다.

옥? 플라톤의 아카데미아? 논쟁의 아고라?

그보다 더 오래된 땅과 그리 향하는 길에 있었다.

"우리는 이제 우리 동시대 사람들을 잘 바라보지 않게 되었다. 오로지 글들에게서 우리의 처신에 필요한 방향과 규칙만을 찾는 데 급급할 뿐이다."- 결혼 여름, 알베르 카뮈.

분명한 것은 성공하는 방법과 살아가는 방법이 다르다. 우리는 살아가는 방법은 잊은 채 오직 성공하는 방법을 알려고 애를 쓴다. 나는 한때 자기계발과 리더십, 조직개발 등 사회에서 성공하는 법을 만드는 일

케라메이코스의 묘석, 황소는 제우스를 상징하는 것으로 부유한 상인의 무덤으로 알려졌다.

데미트리아와 팜필레의 묘석, 기원전 4세기 후반의 묘석으로 함께 한 가족 모습이다. 삶은 짧지만 긴 시간 그 순간을 기억한다. 예술이 주는 불멸성이다.

헤게소의 묘석, 그리스 여인이 보석을 보고 있는 모습이다. 그리스 여인들은 고대부터 보석에 남다른 애정을 가진 것으로 알려졌는데 그 일상을 단적으로 묘사하고 있다. 이 묘석은 복제품이고 케라메이코스의 원본은 대부분 아테네국립고고학박물관에 있다.

을 했다. 그런 내가 정작 제 살아가는 방법을 찾으려 이리 나선 것은 참으로 부끄러운 일이다. 억지스레 만들어둔 성공의 몇 가지 법칙과 분주함 대신 산 자와 죽은 자를 나누는 단순한, 명백한 진실을 알고 싶었다.

죽은 자의 땅 케라메이코스는 역설적으로 삶의 의미를 생각하게 한다. 묘석의 주인공은 수십 년 삶보다 더 오랜 수천 년 그 자리를 지키고 있다. 살아 있는 자의 아고라와 신전이 무너져 가는 동안 엄숙한 표정의 돌은 그대로다.

삶과 죽음을 구분하는 것에서 시작하는 철학은 신과 인간을 위한 기둥보다 더 오래된 땅에서 시작하고 있다. 그 묵상에서 짧았던 삶의 순간순간이 빛난다. 우린 그 순간을 기억하려 애쓴다. 묘석에서 만나는 아름다움은 바로 여기에 있다.

다행히 여기 오래된 땅에도 죽은 돌과 흙을 데워주는 한낮의 태양이 있다.

케라메이코스의 묘석

케라메이코스의 육지 거북

케라메이코스 길

필로파포스 언덕의 소크라테스가 갇혔던 감옥

하드리아누스 개선문

와 트리톤 조각상

아테네의 제우스 신전

아고라 내 아탈로스의 스토아 내 조각상

쿠로스의 미소
국립고고학박물관, 아테네

그리스의 영웅은 언제나 청년(kuros)이다.
헤라클레스, 오디세우스, 아킬레우스, 테세우스
모두 청년의 육체로 바다를 향했다.

긴 항해를 마치고 돌아오니 낯선 곳에 우두커니 서 있다.
험난하게 길었던 이야기는 사라지고 걸쳤던 옷도 다 사라졌다.

제집이 아니니 벌거벗은 몸도 어색하다.
나를 아폴론이라 부르고
내 이야기를 하려니 믿기지 않는 신화가 되었다.

제자리를 벗어난 유물을 만날 때면 친절한 설명 이상이 필요하다. 유물이 나온 출신지와 양식을 분석해 만든 긴 이름만으로 전부를 알 수 없다. 누군가를 알고자 할 때 그가 사는 집, 주변 사람들, 고향 등이 중요하듯이 유물을 이해하는 데도 마찬가지이다. 하지만 여러 사정으로-전쟁과 도난, 훼손 등- 제자리를 떠난 유물은 박물관이 최선의 방법일 수밖에 없다. 물론 연구자 입장에서는 중요한 유물을 한 곳에서 확인할 수 있는 점, 좀 더 세심하게 관리하고 탐구할 수 있다는 점에서는 최적의 조건이라고 할 수 있다. 하지만 여행자가 되면 이기적인 생각이 드는 건 어쩔 수 없다. 정작 현장에 갔을 때는 주인은 사라지고 사진만 덩그러니 있으니 아쉬운 마음이 든다.

아테네의 국립고고학박물관은 그리스의 가장 중요한 유물을 소장하고 있다. 물론 유적지마다 작은 박물관이 있기는 하지만 그리스를 대표하는 유물은 대부분 여기에 있다. 그래서 그리스 여행은 마

아테네국립고고학박물관, 아크로폴리스가 있는 남부지역과 반대편인 북부에 있으나 구도심과 지하철로 연결되어 있다.

지막으로 이곳을 들러 주인공을 확인하는 것이 가장 좋은 여정이다.

그리스 미술을 이해하려면 많은 노력과 열의가 있어야 한다. 수많은 유물 수를 감안하더라도 그 배경을 이해하기 위한 신화, 역사의 이해는 물론이고 시기도 다양해 신화에 바탕을 둔 고전 시기부터 기독교에 근거한 비잔틴 시기까지, 신앙의 범위도 다신교에서 기독교 신앙까지 폭넓다.

하지만 무엇보다 너무도 상투적인 그리스 미술의 가치, 즉 그리스 미술이 인간의 이상적 아름다움을 표현했으며 이것이 결국 서양문화, 인본주의의 바탕이 되었다는 오랜 명제를 어떻게 설명할 수 있을까?

쿠로스는 소년 혹은 젊음의 어원을 가진 말로 젊은 청년의 모습을 한 전신상(像)을 말한다. 이 청년상은 긴 머리칼, 근육질의 가슴과 균형 잡힌 신체, 한 발 내디딘 자세 등의 공통점을 가지고 있는데 이를 두고 아폴론 신으로 해석하기도 한다. 흥미롭게도 아폴론은 건강한 청년의 모습으로 자신을 나타내기를 원했기에 청년의 모습을 한 많은 조각상이 아폴론과 도상적으로 유사하다.

쿠로스 상은 동일한 인체 비율과 포즈를 한 많은 수의 유물이 전해오고 있다. 이는 비교적 보편화된 형상과 기법으로 폭넓게 제작되었음을 짐작하게 한다. 동시에 많은 수가 제작되었다는 것은 그만큼의 수요가 있었다는 의미이기도 하다. 이 청년상이 등장한 것은 기원전 6세기 후반경으로 추정하는데 이때는 도시국가의 해외진출이 활발해 지중해 전역에 식민지 건설이 이루어지던 시기였다.

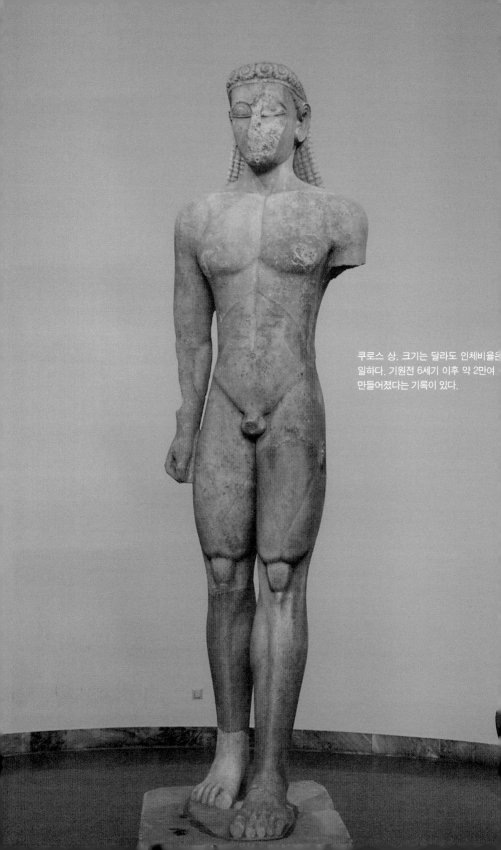

쿠로스 상, 크기는 달라도 인체비율은
일하다. 기원전 6세기 이후 약 2만여
만들어졌다는 기록이 있다.

이 시기는 도시국가 간의 경쟁이 활발해지고 경제적·문화적인 교류도 증대되었다. 즉 지중해 연안의 다양한 지역의 도시국가들이 인적·물적 교류를 통해 범그리스적(Panhellenic) 보편성을 획득하는 시기였다. 그리스의 도시국가는 하나의 통일국가 대신 개별적으로 경쟁하고 성장하는 방식을 택했다. 이것은 지중해 연안에 건설된 식민도시도 마찬가지로 무역과 경제 등에서 상당한 독립성을 유지하며 본토의 모(母) 도시와도 경쟁해나갔다. 대신 범그리스적 가치를 공유하는 성소와 제전을 통해 공통의 가치와 문화를 공유했다. 델피와 올림피아와 같은 성소가 그 역할을 했으며 지금까지 유명한 올림픽과 델피 제전이 바로 여기서 시작되었다.

도시들의 경쟁은 제전에서의 승리뿐 아니라 부를 과시하는 신에 대한 봉헌이 중요한 역할을 했다. 특히 뒤늦게 출발한 식민도시들이 경쟁적으로 성소에 보물을 갖다 바치는데 델피의 주요 건물이 각 도시가 만들어 놓은 일종의 봉헌물을 보관하는 창고였다는 점은 그 단면을 잘 보여준다. 특히 봉헌물품 중 대리석으로 만든 조각상의 제

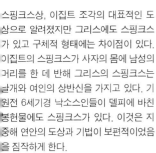

스핑크스상, 이집트 조각의 대표적인 도상으로 알려졌지만 그리스에도 스핑크스가 있고 구체적 형태에는 차이점이 있다. 이집트의 스핑크스가 사자의 몸에 남성의 머리를 한 데 반해 그리스의 스핑크스는 날개와 여인의 상반신을 가지고 있다. 기원전 6세기경 낙소스인들이 델피에 바친 봉헌물에도 스핑크스가 있다. 이것은 지중해 연안의 도상과 기법이 보편적이었음을 짐작하게 한다.

아프로디테 상, 아프로디테는 원래 뱃사람들의 항해를 돌봐주는 여신이다. 그래서 대부분의 아프로디테 상은 항구도시와 바다에서 발견된다. 원래 누드 신상은 자신의 은밀한 부위를 가리는 형태로 제작되지 않으나 아프로디테 상은 특이하게 관찰하는 자를 의도하고 그에 반하는 몸짓을 하고 있는 '연출된' 특징이 있다. 이러한 아프로디테 도상을 최초로 시도한 사람은 프락시텔레스라고 알려졌다.

작이 활발해지는데 이 과정에서 공통된 도상과 보편적 기법이 널리 알려졌을 것이다.

쿠로스 사진을 사람들에게 보여주면 공통적인 반응 중 하나가 이집트 유물로 생각하는 이가 적지 않다. 실제 긴 머리칼, 딱딱하게 서 있는 정형화된 자세 등만 보더라도 이집트 조각과 유사한 점이 많다. 이를 두고 당시 지중해 전역에 건설되었던 식민도시와의 교류과정에서 이집트나 현재 소아시아 지역의 영향을 받았을 것으로 추정한다. 실제 나일 강 유역에 도시국가가 경영하던 식민도시가 있었고 조각 봉헌물 중 많은 수가 본토보다는 식민도시에서 더 경쟁적으로 제작했다는 점은 이런 영향을 충분히 짐작하게 한다.

쿠로스 상이 그렇듯 신에 대한 봉헌물에는 대리석을 소재로 한 경우가 많다. 이는 대리석의 수급이 수월했다기보다 종교미술로서 가지는 상징성과 희소성 때문으로 해석된다. 신에게 바치는 조각과 건축물이니 가장 귀한 재료를 사용하는 것이다. 아시아 지역에서 금을 종교미술의 주요 소재로 삼는 것과 같은 이유이다.

서양의 기독교에서 신을 형상화하는 것은 숱한 논쟁을 낳았다. 하지만 그리스에서 신은 인간의 형상으로 나타난다는 믿음이 있었기 때문에 인간 형상의 신상 제작이 활발했다. 따라서 처음 이집트 지역의 영향을 받은 쿠로스 상의 정형성은 보다 더 건강하고 이상적인 인간의 모습을 한 신상으로 발전되어갔을 것이다. 이상적 인간상에 대한 추구는 인체비례와 육체의 아름다움 등을 묘사하게 되는데 그 정점은 무표정한 얼굴이다.

아르테미시온의 조각상, 청동상은 대
리석상보다 전해지는 수는 작지만 무
게가 가벼워 봉헌물로 이동하기 용이
했다. 또한 어려운 자세의 신상을 만
들기도 수월했다. 하지만 청동주물은
필요시에는 언제든 녹일 수 있어 해저
등에서 발굴되지 않는다면 전해지는
경우가 드물다. 이 조각상도 아르테미
시온 곳에서 발견되었다. 기원전 450
년경의 포세이돈 또는 제우스 상으로
추정된다. 제우스와 포세이돈은 들고
있는 벼락과 창으로 도상을 구분하는
데 이 조각상은 구분이 어렵다.

마라톤의 소년, 기원전 340년, 아르테
미시온 곳에서 발견된 청동상으로 완
벽한 균형미를 갖춘 조각상으로 평가
받고 있다.

안티키티라의 청년상, 헬레니즘 양식
의 이 청년상은 실제 인체와 비슷한
2m 정도 크기로 절제된 표정과 자세
가 인상적이다.

신을 표현한 조각은 그 육체적 아름다움과 달리 얼굴은 표정이 없다. 이는 신과 싸우는 괴물이나 고통스러워하는 인간의 표정과는 상반된다. 그리스인들은 자신들의 역사를 신화화해서 불멸성을 획득하고자 하는 의지를 가지고 있었다. 켄타우로스(반인반마족), 아마존 등 신과 싸우는 괴물과 야만족은 그리스인들과 대결한 페르시아 등의 이민족과 상징적으로 연결되어 있다. 이를 묘사한 조각을 보면 적은 분노와 고통 등의 극적인 감정을 드러내고 있지만 신은 예외 없이 감정을 드러내지 않는다. 신은 육체적 균형과 아름다움뿐 아니라 절제력과 침착함을 갖춘 완전한 존재로 이상화되기 때문이다.

극적인 환희, 기쁨, 영광 등의 감정적 과잉보다는 감정을 드러내지 않는 것이 보편성을 획득하는 데 더 수월하다. 우리는 분노하는 괴물보다는 침착한 신의 얼굴에서 안도감을 얻을 것이며 이것은 이상적 인간상을 신에 빗대어 보여주는 가장 효과적 방법이다. 무표정한 균형감은 적에 맞서는 선(善)이라는 가치와 연결되면서 도덕성이 신상의 아름다움과 묶인다. 이것이 바로 아름다움을 형상화해 인간의 이상적 가치-선, 도덕을 드러내는 가치의 전환과정이다.

애초 예술을 위한 예술은 없었다. 신의 만족을 위한 제물이고 경쟁을 위한 과시적 도구로 빚은 형상이다. 하지만 인간은 제 자신의 단점을 감추고 그 속에서 불멸을 획득하려는 이상지향의 태도를 보이고 있다. 이상적 인간의 모습은 신이 되었지만 다시 신은 인간의 모습으로 만들어졌다. 그러니 신상인 동시에 아름다운 이상적 인간상이다.

오래전 여행자 카잔차키스는 쿠로스의 표정을 이렇게 묘사했다.

"원시적이고 기교 없는 쿠로스의 미소, 동정의 상태에서 흘러나오는 자연스러운 균형의 미소, 위대한 문명의 출발점인 미소, 완벽하게 균형을 갖춘 남자의 미소, 이 세상의 모든 것을 겪어보고 즐긴 다음 일체의 환상과 망상에서 벗어나 담대하게 세상과 맞서는 자의 미소…."

하지만 박물관에 도열한 청년들은 무표정한 군상으로 전락했다. 제자리에 있었다면 평정심을 잃은 군중 속에 균형자의 미소로 서 있었겠지만 홀로 있으니 무표정하고 반대로 무리지어 있으니 개성 없는 얼굴이 된 것이다.

오랜 이야기는 이미지(image)로 바뀌어 예술로 전해온다. 우리는 군더더기 없이 상징화된 이미지를 통해 과거 수많았던 이야기를 다시 상상해볼 수 있다. 인간이 빚은 신을 누가 창조했다고 하겠는가? 선한 진리를 담은 예술품을 신이 만들었다고 하겠는가, 인간이 원했다고 할 것인가.

이야기는 사라지고 상징만 남으니 사람들은 착각한다. 신은 이상적이요, 인간은 현실적이라고 단정한다. 하지만 분명한 것은 신은 이상을 꿈꾸지 않는다. 이상을 꿈꾸는 자는 불완전한 인간이다.

쿠로스 상, 정면에서 보면 무표정하지만 빛과 방향에 따라 미소를 확인할 수 있다. 쿠로스 상은 비율과 포즈는 모두 동일하지만 후기로 갈수록 좀 더 자연스러운 인체를 묘사하게 된다.

아크로폴리스의 조각상

고전시대 조각상

그리스 연극배우의 조각상

아프로디테와 에로스, 판 조각상

헬레니즘 양식의 어린 기수와 말

아프로디테 상

고전시대 조각상

아이게우스의 바다
수니온

Place me on sunion's marbled step where nothing save the waves

There swan like let me sing and die. - byron

파도가 아무것도 구할 수 없는

수니온의 깎아지는 대리석에 나를 놓아주시오.

백조처럼 노래하고 죽어가게 나를 놓아주시오. - 바이런 부활절 주간을 지나면 아테네의 아침은 서서히 뜨거워진다. 여행자가 오가는 구도심을 벗어나면 아테네도 여느 도시와 다를 바 없이 바쁜 대도시이다. 옴모니아 광장 건널목에 서 있는 동안 분주하게 오가는 사람들 속의 기분이 낯설다. 시간에 맞춰 가는 사람들과 시간을 더듬어 가는 여행자 사이의 간격, 갑작스레 그 거리감이 느껴졌다. 두고 온 많은 것들이 생각났다. 더 날이 뜨거워지기 전에 복잡한 도시를 벗어나고 싶은 생각이 간절했다.

물 한 병을 들고 수니온으로 가는 버스에 오르자 손님도 없는 통로 사이로 소년티를 못 벗은 차장이 퉁명스레 표를 받는다. 그리스의 버스는 마을마다 세워주는 완행버스 형태라 요금을 받고 거슬러 주는 차장이 동승하고 있다. 차장은 보통 젊은 남자들이 대부분인데

수니온으로 향하는 버스는 옴모니아 광장 안쪽의 골목에서 출발한다. 아테네 남부로 향하는 아티카 지역행은 대부분 여기서 출발하는데 버스를 타고 내리는 곳이 여러 골목에 흩어져 있으므로 호기심으로 지켜보고 있는 청년들에게 물어 확인해야 한다. 젊은 청년들이 버스 주변에 여럿 모여 있으면 그들이 차장이다.

지방으로 갈수록 어린 소년들도 있다.

　버스는 아티카 지역의 해안선을 따라 그리스 반도의 남쪽 끝 수니온으로 향했다. 해안에는 오직 여름을 위해 비워둔 호텔과 집들이 차양막을 접어둔 채 늘어서 있다. 어린 차장은 정거장에 설 때마다 자리를 바꿔가며 창문을 열어 한참을 내다보고 있다. 열어둔 차창으로 건조한 바람에 나른한 시간이 지나간다. 희끗희끗한 수염을 한 말 없는 기사와 턱을 괴고 매일 오가는 풍경을 응시하는 어린 차장, 처음 이 시간에 이 길을 나서는 여행자, 이렇게 같은 공간, 다른 사람의 시간이 흘러가고 있다.

　버스는 아테네를 벗어나자 한참을 구불구불한 해안을 따라갔다. 넘치는 풍경에 지루했던 소년은 어느새 내 앞좌석에 있었다. 슬며시

수니온의 포세이돈 신전, 이 신전은 기원전 444년에 재건한 것이라고 전해진다. 기둥 위 프리즈에는 영웅 테세우스의 모험담이 있었다고 한다. 기둥은 다른 일반적인 신전의 기둥보다 세로 홈의 개수가 작으며 이는 물안개에 의한 훼손을 막기 위한 장치로 본다. 하지만 물안개에도 이천 년을 넘게 견뎌온 대리석에 더 치명적인 위험이 있는데 그것은 인간의 낙서다. 영국의 시인 바이런은 1810년에 이곳에 와서 기둥에 자기 이름을 새겼다. 이후 이 유명한 낭만 시인을 따라 한 낙서가 가득하다.

몸을 돌려 뒤에 앉은 이방인을 보는 표정이 진지하다. 그러고 보니 이 녀석, 조금씩 내 근처 자리로 옮겨 온 모양이었다. 거친 수염이 나기 전 풋풋한 솜털을 한 차장은 표정만큼은 능글맞은 청년의 얼굴을 짓고 있다. 아무래도 그는 모든 것이 새로운 나와 달리 무척 지루했던 모양이다.

"수니온까지 가나요?"

소년은 씩 웃으며 말을 이어 붙인다.

"수니온에는 처음인가요?"

"네, 처음이에요. 가는 길이 생각보다 멀군요."

"돌아가서 그래요. 가는 길에 있는 마을에는 다 서야 하니까요. 근데 어디서 왔나요? 일본, 중국?"

"아니요. 한국에서 왔어요."

"아, 월드컵 때 재미있게 봤어요. 한국 축구 잘하던데요!"

제 관심사와 연결된 얘깃거리를 찾은 이 소년은 어느새 가슴을 등받이에 바짝 붙이고 있다.

"축구는 그리스도 잘하잖아요. 유럽 챔피언이잖아요."

차장은 한적한 시간을 때울 짧은 흥밋거리를 찾자 소년의 얼굴로 웃고 있었다. 나는 이 어린 소년의 기대대로 축구이야기를 이어갔다. 다행히 유럽축구에 무지하지 않은 덕에 올림피아코스나 AEK 아테네 팀을 입에 올리자 소년은 흥이 나서 제 응원 팀인 AEK에 대해 한참을 늘어놓았다.

소년이 하릴없는 어른의 표정을 하고 있는 것은 안타까운 일이다. 다소 긴장된 자세의 쿠로스 상이 인상적인 것은 어른이 아닌 소년의 얼굴을 하고 있기 때문이다. 모든 것이 어색하지만 소년이기에 자연스러운 시간이고 당연한 어설픔 같은 것 말이다. 잔뜩 긴장해 있지만 그 철없는 표정은 숨길 수 없는 유쾌한 시절이다. 차장은 어른 흉내를 내며 지루한 시간조차 맛보고 있지만 그것이 어디 어울릴 만한 일인가? 쉽게 흥분하고 싫증내고 낄낄거리며 지루할 틈 없는 시간을 보내는 것이 소년의 시간이다.

짧은 지루함이 모인 권태로운 시간은 소년이 마주하기에는 무척 낯선 경험이다. 권태를 느끼는 순간 시간은 더뎌진다. 더뎌진 시간 속에서 사람은 앞날보다는 지나온 날에 대한 기억과 회한에 빠지기 마련이다. 제 세계관이 형성된 사람은 그 회한의 부끄러움 속에서 다시 일어나지만 소년들은 제 웃음을 잃어버리기 십상이며 작은 속삭임에도 쉽게 흔들리고 휩쓸려간다.

수니온의 바다는 그런 소년들이 휩쓸려가기에 충분한 곳이었다.

아티카 지역의 남쪽 끝에 자리한 수니온 곶에는 오래전부터 바다를 지배한 포세이돈의 신전이 서 있다. 실제 하얀 대리석은 집으로 돌아오는 그리스의 아들들에게 빛나는 등대였고 부모들에게는 기다림의 성소였을 것이다.

아테네의 영웅 테세우스는 크레타의 미노아에 제물로 바쳐진 젊은이들을 구하기 위해 그 틈에 섞여 갔다가 크노소스의 미궁에 갇히

게 된다. 테세우스는 젊은이들을 잡아먹던 괴물 미노타우로스를 죽이고 미노아 공주 아드리아네가 준 실타래를 이용해 미궁을 빠져나온다. 그때 아테네의 왕인 그 아비 아이게우스는 수니온에서 크레타로 떠난 아들을 하염없이 기다린다. 떠나기 전 아들은 자신이 살아 돌아오면 흰 돛을, 죽으면 검은 돛을 달기로 했는데 테세우스는 항해 도중 돛을 바꿔 다는 것을 잊고 만다. 결국 수니온의 신전에서 아들을 기다리던 아이게우스는 검은 돛의 배를 보고 그보다 더 검푸른 바다로 뛰어들고 만다.

아이게우스의 바다란 뜻의 에게 해는 모든 것을 빨아들일 것 같은 바다이다. 폭풍우가 몰아치고 오열이 넘치는 바다가 아니라 지루한 시간과 깊은 회한, 태양이 내리꽂는 권태가 나른한 목소리로 속삭이는 바다이다. 그 바다는 어느 곳, 어느 때보다 자신의 곤궁한 처지와

에게 해는 그리스 본토를 기준으로 동쪽으로 난 바다이다. 반대편은 이오니아 해로 불린다. 대륙 사이에 난 이 바다는 파도 없이 잔잔한 호수 같다. 이 조용한 바다에 배를 내어 그리스의 아들들이 모험을 떠났다.

수니온 곶에는 바람과 야생화가 가득한 곳이다. 신전의 기둥은 점점 무너져 가지만 그 아래 땅에서는 매년 바람이 가져다준 생명이 가득하다. 야생화 사이로 난 길은 에게 해로 이어지는 절벽이다.

부조리한 일상을 마주하기에 적당한 시간이 된다. 빛나는 태양과 푸른 하늘, 그리고 검푸른 바다 앞에서 역설적으로 인간은 담담한 슬픔을 마주하게 된다.

청년들은 바다로 뛰어들어 제 자신을 증명하지만 기다리는 가족에게는 바다는 막연한 존재였다. 하지만 더 두려운 것은 매일 같은 풍경을 향한 더딘 시간, 지쳐가는 기다림 끝에 마지막에 희망을 놓아버리는 아찔함이다.

아이게우스는 크레타로 떠난 아들이 돌아올 희망을 안고 이 절벽에 매일 서 있었을 것이다. 에게의 바다는 너무도 잔잔해 그 깊이가 얼마인지도 감추어두고 있었다. 그저 야생화가 가득한 길을 따라가다 보면 그 바다로 향하게 되고 제 아들을 만날 것이라는 목소리를 들었을 것이다.

수니온 들판에는 야생화, 특히 민들레가 가득한 흙이 있었다. 척박한 땅에 씨앗을 뿌린 야생들은 낮게 자리하지만 강한 생명력을 가지고 있다. 바람에 자신의 운명을 맡기고 검푸른 바다 위로 날아가듯이 바다로 나간 그리스의 청년들 역시 이 바람을 타고 먼 바다로 나갔다.

바다의 신, 포세이돈은 파도를 움직이는 바람을 가진 신이다. 포세이돈은 그 바람을 통해 흩어져 있는 에게 해의 섬에 생명을 주었고 동시에 사람들에게 희망과 절망을 안겨주었을 것이다. 건조한 이 땅에 지중해의 바람이 없었다면 생명은 탄생하지 않았을 것이며 사람

수니온 곶에는 바람이 많이 불었다. 나무 한 그루 없는 이 언덕은 오직 바람으로 자란 야생화와 바람을 기다린 그리스인들로 가득했을 것이다.

들은 견딜 수 없었을 것이다. 하지만 바람이 있어 바다로 나선 자들은 바람이 없어 돌아오지 못했고, 기다리는 자들은 태양 아래 바람을 기원하며 신전을 찾았다.

그 옛날 테세우스에게는 아비가 죽은 것이 비극이지만 시간이 흘러 시인 바이런에게는 아이게우스의 바다는 낭만이 되어버렸다. 아이게우스의 바다는 슬픔을 숨길 때는 낭만이 되지만 드러낼 때 비극이 되는 것을 가르쳐준다. 수니온 신전의 절벽에는 배낭을 내려놓고 무심히 바다를 보는 청년들이 여전하다. 그들에게는 그 바다가 낭만적인 시간이지만 제 고통을 드러내 발을 옮기면 비극이 되는 바다이다.

다 자란 소년과 청년들이 넘치는 의욕과 모험심으로 길을 나서는 것은 오래전부터 이어온 영웅적 관습이다. 매일 길을 나서 쌓은 무용담을 온 세상을 구한 양 과장되게 늘어놓는 것이 소년다운 모습이다. 그런 소년이 떠난 자를 기다리며 지루한 일상을 견뎌내는 표정을 하고 있는 것은 어울리지 않는다. 그것은 미련이 한가득 남아 차마 바다로 나서지 못한 발목 잡힌 자들이 짓는 얼굴이다. 타자의 항해를 지켜보며 낭만을 쫓기에는 소년은 아직 너무 어리다.

떠나던 차창에 얼굴을 내밀어 인사하던 어린 차장의 하루가 아이게우스의 희망 없는 기다림과 뭐 그리 다를까 하는 생각이 머리를 떠나지 않는다. 소설 이방인에서 뫼르소가 담담하게 내어놓던 살인의 변이 생각난다. 지중해의 태양은 무기력을 부추긴다. 바닷가의 태양이 눈부셨다는 이유, 청년 뫼르소는 권태로운 일상에 한줄기 바람을 마주할 수 없었던 것이다. 여기 지중해의 태양과 무기력함에서 이방인의 비극이 태어났다. 카뮈는 이를 두고 태양은 점령군이라고 묘사했다. 우리는 점령군 아래 그저 무력한 적(敵)일 뿐이다. 예술은 가혹한 점령군과 굴복한 자의 일방적인 전쟁에서 비극의 단면을 발견한다.

모험을 떠난 자와 기다리는 자, 제 자신을 증명하려는 자와 그저 희망을 기다리는 자, 깊이를 알 수 없는 바다와 그 끝 인간의 땅, 여기 기다리다 지쳐 뛰어든 아이게우스를 파도가 구할 수는 없다. 대신 바람의 소리가 길게 들린다. 무력한 인간에게 수니온의 바람은 희망이다.

수니온을 찾은 사람들은 모두 이 야생화가 가득한 절벽에서 한참을 서성거린다. 지중해의 태양 아래 시간을 맞추면 청년 뫼르소의 변명이 자연스레 떠오른다. 태양은 여전히 눈부시다.

수니온의 바다

수니온의 바다

수니온 포세이돈 신전의 기둥

수니온 곶

II
진정한 그리스의 얼굴을
마주하다

Corinth

Mycenae

Náfplio

Mystrás

Tripolis

사도 바울의 전도傳道
코린토스

타락했다 수군대던 도시는 무너지고
돌무더기 사이로 아칸서스 잎은 여전히 오르고 있다.

그 기둥이 그리스인을 위한 것이었는지,
황제를 위한 기념비였는지 알 수 없다.

그 기둥이 제우스의 자식을 위한 것이었는지,
그리스도를 위한 헌사였는지도 알 수 없다.

죽은 돌에 산 식물의 줄기가 오르는 것을 누가 흉내 내겠는가.
기둥은 무너지면 돌이 되지만 아칸서스는 코린토스의
이름을 증명한다.

펠로폰네소스는 그리스의 고전(古典) 같은 곳이다. 몇 번의 그리스 여행에서 나는 오직 펠로폰네소스 지역만 다녀온 적도 있었다. 아테네를 중심으로 한 아티카, 테살로니키를 중심으로 한 북부, 펠로폰네소스, 그리고 지중해의 섬 중 가장 위에 둘 곳이 바로 펠롭스의 섬, 펠로폰네소스라고 이야기할 수 있다.

그리스의 영광은 언제나 아테네에 있었지만 영웅시대가 시작된 미케네부터 고전시대의 성소 올림피아, 로마시대의 코린토스, 그리고 비잔틴 마지막 도시 미스트라스, 근대 그리스 최초 수도 나프폴리온 등 각 시기를 대표하는 오랜 도시가 이곳에 있다. 그 안에 아트레우스 가문, 아가멤논, 트로이 헬레네, 비잔틴 마지막 황제 팔라이올로구스의 이야기가 고전이 되어 새겨진 곳이다.

펠로폰네소스는 원래 이름과 달리 섬이 아니라 좁은 지협으로 본

코린토스 버스터미널. 터미널에는 아테네 같은 큰 도시로 향하는 노선이 몇 있으나 대부분 카날(운하)에서 여러 행선지로 갈아탈 수 있다. 펠로폰네소스로 들어오는 버스 대부분은 운하에서 정차하므로 코린토스에서 다른 행선지를 가기 위해서도 여기서 환승해야 한다. 코린토스 유적지로 가기 위해서는 큰길가에 정류장이 따로 있다.

토와 연결되어 있었다. 대신 그리스 본토가 삼면이 바다인 반도임에 반해 사면이 모두 바다와 접해 섬으로 불렸던 것으로 보인다. 이 좁은 지협은 동쪽의 에게 해와 서쪽의 이오니아 해를 불과 수 킬로 거리로 나누고 있는 지정학적인 고리였다. 이 고리였던 코린토스를 거치면 펠로폰네소스를 밖으로 둘러 가는 것보다 300킬로미터 이상 거리를 줄일 수 있었다. 그래서 고대부터 많은 상인이 코린토스의 양쪽 항구였던 켕그레아이와 레카이온을 이용해 교역을 했고 심지어 배를 반대편 바다로 옮기는 방법을 사용하기도 했다. 지금의 소아시아 쪽에서 온 배를 켕그레아이 항에서 육로를 통해 이탈리아 쪽 레카이온 항으로 옮겨주는 방식이었는데 나중에는 자연스레 운하 건설의 시도로 이어졌다. 도시국가 시기부터 로마제국 시기까지 운하건설은 여러 번 시도되었으나 19세기에 완성되어 실제로 본토와 분리된 '섬'이 되었다.

코린토스는 아테네에서 두 시간 정도의 거리에 있다. 고대 코린토스 유적지로 가기 위해서는 터미널이 아니라 다른 정류장에서 버스를 타야 하는데 직원은 제 전화를 받는다고 건성으로 나가서 찾아보라는 말만 되풀이하는 통에 정류소를 찾기 위해 몇 번을 오고 갔는지 모른다. 아테네를 벗어나면 사실 영어만으로는 대화가 어려워지는데 그것보다 성의 없이 알려주는 관계자들의 태도에 실망하는 일이 잦다.

가장 지혜로운 방법은 거리의 젊은이들에게 묻는 일이다. 그리스 젊은이들은 영어가 자연스럽고 호기심이 많아 도움을 요청하면 적극적으로 문제를 해결해주려고 한다. 특히 데이트하고 있는 젊은 여성에게 도움을 청하는 것이 가장 추천할 만하다. 그리스 여성들은 세련되고 의사표현에도 적극적이라 다소 겉멋에 치중한 남자들보다 더 친절하고 유쾌하다. 물론 남자친구가 덩달아 문제 해결에 애를 쓰는 것은 물론이다.

고대 코린토스는 오렌지 나무가 줄지어 있는 작은 마을이었다. 유적지는 높이감 있는 건축물은 모두 사라지고 무너진 석재가 차곡차곡 채석장 마냥 쌓인 광경이었다. 비잔틴 시기 큰 지진으로 파괴된 도시의 무너진 잔해는 그대로 내려앉았다. 멀리 아크로코린토스가 높다랗게 자리를 지키고 있었고 그 아래 넓은 땅은 이 도시의 규모를 짐작해볼 만했다. 바람이 불자 고대 유적의 부서진 잔해가 흙먼지를 일으킨다.

사도 바울은 로마 시기 코린토스를 찾아온 사람 중에 가장 인상적인 사람이다. 그는 유명한 고린도(코린토스)전서, 후서를 여기서 남겼으며 그 자신의 전도에서 의미 있는 교회를 세운 곳도 바로 코린토스이다. 당시 코린토스는 그 지정학적 위치로 로마의 속주가 되어서도 가장 번영한 그리스 도시 중 하나였다. 코린토스는 로마와 전쟁 시 철저히 파괴된 후 재건되어 현재의 유적은 대부분 로마시대의 것이다. 이 도시는 에게 해에 면한 아시아 쪽에서 로마로 가기 위한 사람들과 문물이 모여드는 국제적 도시였다. 도시는 부유했고 사람들로 넘쳐났으며 황제의 이름으로 건축물이 세워졌다. 도시는 넘치는

고대 코린토스의 레카이온 길. 이 도로는 코린토스에서 외항 레카이온으로 이어진 주도로이다. 바닥이 대리석으로 깔려 있어 도시의 부유함을 확인할 수 있다. 멀리 보이는 산에는 아크로코린토스가 있었는데 후대에 겹겹이 세운 성채가 남아 있다. 이 성채는 가장 상단에는 고대 아프로디테 신전이, 그 아래에는 비잔틴 양식, 프랑크식, 투르크식의 성문이 차례로 있다. 그리스의 역사를 압축하는 성채라 볼 수 있다. 사랑과 환락의 신 아프로디테 신전의 신도는 후대에 코린토스의 향락을 설명하면서 수많은 매춘부였다고 과장되기도 한다.

재물로 번성했지만 성서에서 코린토스는 사치와 향락으로 타락한 도시의 전형으로 묘사되었다.

바울은 아테네에서 전도가 실패한 후 자연스레 코린토스로 향했다. 그리스는 수많은 신과 영웅의 서사시가 넘쳐나는 다신교 사회였다. 아테네에서 바울의 실패는 충분히 예견된 것이었다. 하지만 바울은 아테네에서 실패와 달리 코린토스에서 교회를 세우는 성과를

코린토스 유적, 신전뿐 아니라 대규모 도시시설의 유구가 남아 있어 도시의 규모를 확인할수 있다. 특히 광장과 극장, 바실리카(공공집회소), 수로, 목욕탕 등 공공시설의 흔적이 있어다른 유적과는 차이가 분명하다. 이러한 공공시설은 로마 도시유적의 주요특징이다.

거두는데 바로 국제도시 코린토스의 문화적, 인종적 다양성이 이유가 되었을 것이다.

당시 코린토스에는 그리스인뿐 아니라 로마인, 소아시아 출신, 유대인 등이 한데 섞여 살고 있었다. 특히 황제 네로가 운하를 건설하기 위해 유대인 수천 명을 코린토스로 이주시켜 정착촌을 만들었던것은 주목할 만한 사실이다. 유일신 신앙을 가진 유대인들의 집단정착은 바울이 이 도시를 찾아온 주요 이유 중의 하나였다.

그리고 이 도시의 부를 소유한 상인계층은 전통적으로 신흥종교에 호의적인 면을 가지고 있다. 상인계층은 다양한 문화를 경험하여 신흥종교에 대한 거부감이 덜하고 새로운 종교에서 자신들의 역할을 키우기를 원했을 것이다. 또한 재정적 지원뿐 아니라 그 자신이 종교를 전래하는 역할을 수행하는 등 포교에도 적극적 성향을 가지는 것이 일반적이다. 국제적 도시의 인종적·계층적 다양성은 새로운 종교 기독교에 적대감보다는 자연스레 교회를 세울 여지를 만들어주는 배경이 되었을 것이다.

그리스의 종교적 전통은 다신교에서 시작했지만 지금은 정교회가 일상을 지배하고 있다. 신화의 땅이라고 알려진 그리스지만 실제로는 신전은 무너져 있고 예배당은 줄지어 있다. 다신교 전통과 일신교는 신앙의 정체성에서 근본적인 차이가 있다. 몇 번의 그리스 여행에서도 그들의 다신교적 신앙이 어떻게 기독교의 유일신 신앙으로 바뀌었는지 의문을 가지고 있었다. 코린토스에서 사도 바울의 전도는 여기에 대한 실마리를 주었다.

그리스인들이 기독교를 적극적으로 받아들인 데는 여러 이유가 있겠지만 무엇보다 초기 기독교에서 그리스인의 역할에서 확인할 수 있다. 기독교는 아시아 지역의 유대사회에 성지가 있지만 전도와 포교에 있어 기반을 제공한 것은 그리스어를 사용하는 범그리스 문화권 사람들이었다.

범그리스 문화권은 일명 그레이트 그리스 지역으로 불리던 지중해 일대를 말한다. 멀리 스페인의 바르셀로나에서 이탈리아, 이집트 나일 강, 소아시아, 흑해연안까지 식민도시가 건설된 지역을 포함한

아폴론 신전, 이 신전은 기원전 46년에 로마인에 의해 재건된 것이다. 현재 코린토스 유적에서 그 형체를 온전히 짐작할 수 있는 몇 안 되는 건축물이다. 신전의 양식은 도리아식인데 이 양식 역시 전통적으로 고대 코린토스인들이 만든 것으로 알려졌다.

옥타비아 신전, 로마 최초의 황제 아우구스투스의 누이를 위한 신전이다. 화려한 코린트식 기둥을 확인할 수 있는 로마시대 유적이다.

다. 이후 이 지역은 로마가 통일 제국으로 지배했지만 사실 이전에 그리스가 언어와 제전 등을 매개로 이어놓은 동일 문화권이었다.

무엇보다 신약성서가 그리스어로 기록되어 있으며 구약의 최초 성경본과 종교회의의 공식언어가 그리스어였다는 점은 중요한 사실이다. 그리스어로 성서를 적고 대화했다는 것은 그리스어를 사용하는 사람들이 전도와 신앙의 중심이었다는 것을 밝히는 것이다. 그리스인들에게 기독교는 외래종교가 아니라 초기 기독교의 성장과 함께한 자신의 종교라는 인식이 더 강했던 것이다. 그리스의 기독교는 로마제국의 분할 후 비잔틴 제국이 성립하고 그리스어가 제국의 공식어로 인정되면서 서방 가톨릭과는 다른 그리스 지역을 중심으로 한 동방 정교회의 독특한 전통으로 이어진다.

바울은 초기 기독교에서 그리스의 역할을 설명할 수 있는 인물이다. 그는 유대인이었지만 범그리스 지역인 소아시아 길리기아 출신으로 그리스 교육을 받았으며 그리스어를 사용했다. 신약에 수록된 그의 서신형식의 글은 모두 그리스어로 적혔으며 그가 그리스에 와서 전도한 것은 우연이 아니라 초기 교회가 그리스 문화유산을 배경으로 성장한 것을 단적으로 보여주는 것이다.

코린토스는 로마제국의 속주로 편입되었던 아카이아 지역의 주도(主都) 역할을 했던 곳이다. 그리스 문화가 로마의 문화로 이식되고 다시 다신교 사회가 기독교 사회로 이어진 전환점에 고리역할을 했던 상징적 도시이다. 또한 사도바울의 코린토스 전도(傳道)는 범신론적 세계관을 가진 그리스가 현대 유럽문명의 근간인 기독교

제우스 신전에서 바라본 그리스 본토. 코린토스는 본토와 펠로폰네소스를 잇는 길목에 자리 잡아 오랜 기간 번영한 도시였다.

문화에 어떤 역할이었는지 그 연결고리를 확인할 수 있는 단서가 된다.

오늘 코린토스는 파괴와 지진으로 남은 돌무더기 사이 아무렇게나 놓인 코린트식 주두로 제 이름을 증명하고 있다. 기둥은 무너져 내리면 어디서든 돌이지만 아칸서스가 오른 기둥은 코린토스의 이름을 떠올리게 한다. 로마인들은 코린토스를 파괴했지만 아칸서스 잎으로 장식된 기둥을 세워 황제에게 바쳤고 올림퍼스 신들은 사라졌지만 새로운 그리스도를 모신 성소는 그리스식 기둥이 받치고 있다.

그리스의 유산은 문화적으로는 로마를 거쳐 오늘날의 서구문화로, 신앙적으로는 기독교문화로 이어졌다. 무너진 도시의 오래된 돌

바커스 모자이크, 코린토스 박물관에 소장된 이 모자이크는 디오니소스가 중앙에 배치된 화려한 모자이크이다. 바커스는 디오니소스의 로마식 표현이며 2세기경 로마시대 번성했던 코린토스의 화려한 문화적 단면을 보여주고 있다.

이 여전히 가치 있는 것은 바로 여기에 있다. 돌 속에 새긴 아칸서스는 파괴한 로마제국이 사라져도, 새로운 신이 등장해도 변하지 않는 그 무엇이다. 그 무엇을 찾기 위해 여기 부서진 인간의 돌을 찾는다.

코린토스 박물관, 그리스 대표적인 기둥의 양식을 모아두었다. 좌측부터 도리아식, 이오니아식, 코린트식 기둥이다. 일반적으로 기둥양식은 신전의 건축양식을 구분하는 주요한 차이점으로 도리아식은 가장 오래된 양식으로 단순한 주두(柱頭)와 기단이 없는 원형 기둥으로 신전을 세웠다. 목조건물의 양식이 석조 건물로 옮겨온 초기 특징이다. 이오니아식은 도리아식보다 기둥의 수가 많아지고 형태도 다른데 무엇보다 기둥의 비율이 훨씬 날씬해진다. 코린트식은 후기식으로 더 날렵한 기둥과 정교한 주두를 가지고 있는데 아칸서스 잎으로 장식한 것이 큰 특징이다. 아칸서스 문양은 알렉산더 대왕의 원정과 함께 동방에 세운 도시를 통해 아시아로 전래되는데 이는 불교미술에서 당초문양과 연관성이 깊다. 이 대표적 건축양식은 그리스뿐 아니라 로마시대와 후대의 고전주의 시기까지 서양 건축의 주요 원형이 된다.

피레네 샘, 그리스의 도시는 대부분 강수량이 적고 강이 거의 없는 관계로 수원확보에 어려움을 겪었다. 코린토스에는 몇 개의 샘이 있는데 피레네 샘은 이 도시의 건설자 시시포스가 강의 신 아소포스에게 딸을 납치한 제우스의 행방을 알려주는 대가로 얻었다. 하지만 제우스가 이 사실을 알고 시시포스에게 끊임없이 돌을 밀어 올리는 가혹한 형벌을 내리게 되었다. 피레네 샘은 지금도 시원한 물소리가 들린다.

코린토스박물관, 유적지 안에는 낮은 건물에 박물관이 있다. 오래된 수도원 같은 이 박물관 구석구석에 도시의 화려한 기둥, 신상 등이 자연스럽게 자리하고 있다. 특히 뜨거운 한낮에 더위를 피할 조용한 공간이 여러 곳 있다. 한낮의 태양에 반가웠던 박물관이다.

코린토스박물관

아폴론 신전

피레네 샘에 있는 강의 신을 상징하는 문양

코린토스의 레카이온 길

코린토스 유적지와 아크로코린토스

코린토스 유적지 입구의 마을

그리스식 풍경
미케네

곧게 서 있어도
올려다보면 기울어져 보이는 법.

헐벗은 풍경에 둘러싸인 모습,

그 모습이 더 당신답다.

한때 이야기로만 전해지던 도시가 있다. 오래된 도시를 찾아 나선 길에는 올리브 나무와 오렌지 농장이 이어져 있었다. 중간중간 촌부들을 태우기 위해 멈춰선 정류장엔 신선한 오렌지 향이 났다. 흐릿한 도시로부터 멀어지자 점점 더 빛이 선명한 고대 도시에 가까워진다. 이름도 모르는 몇 개의 마을을 지나 머리를 잘 빗어 넘긴 차장이 내게 손짓을 한다. 미케네에 도착했다.

단 한 사람만 내려놓고 버스는 먼 길을 돌아간다. 정류장은 큰길가에 자리 잡은 낡은 카페였다. 테이블 몇 개와 지팡이를 짚은 노인이 무심한 표정으로 이방인을 쳐다보다 천천히 걸어간다. 삼천 년 전의 강건한 도시가 흙더미에 묻혀가는 동안 노인의 등도 굽어갔을 것이다. 아주 오래전 일이고 잊힌 도시였다. 어느 날 사람들이 황금

을 들먹거리며 찾기 전에도 노인은 매일 저 의자에 나와 있었을 것이다. 찾는 사람들이 달라질 뿐이지 이런 모습은 쉽게 변하지 않는다. 다행히 내가 이곳을 찾을 때까지도 변하지 않았다.

승차권을 파는 주인에게 고대 유적지를 묻자 카페 정면의 멀리 보이는 산을 가리킨다. 막연히 수 킬로미터라고 얼버무리길래 놀리는 것인가 했더니 곧 거리가 있으니 배낭을 단단히 메고 가라며 웃는다. 충고대로 배낭끈을 당겨 고대 미케네를 향해 걸었다.

이 몇 킬로미터의 길을 걸을 수 있었던 것은 아주 다행이었다. 이 길은 그리스에서 처음 만나는 가장 그리스다운 풍경이었다. 높은 하늘과 오후의 태양, 낮게 자리한 오렌지 농장 사이로 난 길은 묵묵히 과거를 향해 이어져 있었다. 바위산에는 키 작은 물푸레나무와 허

미케네 정류장. 정류장은 나프폴리온으로 향하는 큰길가에 자리하고 있다. 승차권을 살 수 있으나 급하면 차장에게 줘도 그만이어서 주인은 늘 버스 시간표만 가리킨다. 여기에서 고대 유적지는 2킬로미터 정도 거리에 있다. 따로 교통편이 없으니 천천히 걸어가면 된다.

미케네의 농장, 더위에 강한 지중해성 작물을 재배하는 그리스식 풍경이다. 멀리 보이는 벌거벗은 산 너머에 고대 유적지가 있다.

브가 가득한 관목지가 자리하고 그 위로는 태양에 바랜 듯한 돌투성이 경사면이 가파르다. 길옆의 오렌지 나무 아래에는 야생화가 아무렇게나 피어있었다. 무엇보다 입을 다물고 제 발걸음에 귀 기울이는 평온함이 있었다.

"한낮의 태양, 그것은 진정한 고대 그리스이다" —『모레아 기행』, 니코스 카잔차키스

'그리스적인' 시간이자 풍경이다. 이런 풍경은 아주 오래전 강력한 도시에 굴복한 사람들이 찾았던 풍경과 다르지 않다. 또한 넘치

고대 미케네로 가는 길, 이 길은 큰길에서 고대유적지를 잇는 길이다. 차는 거의 다니지 않
는다. 30여 분의 이 길이 그리스의 전형적인 풍경이다.

던 열정을 가진 슐리만이 아가멤논의 황금을 찾았을 때도 마찬가지였을 것이다. 그림 같은 풍경을 찾아 이곳에 온 사람들은 하나같이 더위 피할 곳 없는 이 땅에 실망했을 것이다. 헐벗은 듯한 야산에는 자갈투성일 뿐이고 어디 다듬어 놓은 곳 한군데 없는 거친 들판은 매력적이지 않았을 것이다.

　하지만,

헐벗은 산은 그리스의 전형적인 풍경이다. 그늘 하나 없는 산에서 민얼굴의 진정한 그리스를 본다.

"황홀한 햇빛이 아무것도 걸치지 않은 바위 위에 와 닿아 즐기면서, 아주 영적인 시를 끌어낸다. 대자연이 거기에서 하나하나 떨어져 있는 것처럼 보인다." — 『지중해의 영감』, 장 그르니에

지중해의 태양 아래 늘어진 외투자락을 끌고 다니는 것이 어디 어울리겠느냐는 단정 짓던 글귀가 무엇을 의미하겠는가. 그야말로 맨몸뚱이의 들판에서 오래전부터 그리스 대해 기억했던 단 하나의 명제 '원시성'에 대해 생각했다. 나는 이 적나라한 단어가 인상적이었지만 미케네의 헐벗은 풍경을 보기 전까지는 기억해내지 못했다. 여기 아무것도 걸치지 않은 저 자갈투성이 산이 제 모습이라고 인정하기 전까지는 그랬다.

여행은 언제나 도망치듯 떠나게 마련이고 그만큼의 부담감에 더 분주해지기 바쁘다. 미케네에 와서 처음 안도감을 느꼈다. 찾던 곳이 맞는다는 생각에 그리스에 온 지 몇 주가 지나서야 깊은 한숨을 내쉬었다.

여기는 그들이 말하던 그곳이 맞았다. 나는 사춘기 시절 우연하게 지중해에 애착을 둔 작가에 빠져 있었다. 하지만 그들의 작품에 묘사된 내리꽂는 태양과 높고 건조한 바람이 무엇인지 알 수 없었다.

알베르 카뮈는 알제에서 태어나 고향을 떠난 후 남프랑스의 엑상프로방스를 찾고서야 제 고향과 닮은 높고 건조한 바람에 기뻐하며 안도했었다. 니코스 카잔차키스는 크레타에서 태어나 죽어서야 제 고향으로 돌아갔다. 하지만 그는 언제나 그리스 풍경에 대한 애정을

고대 유적지에서 본 미케네 풍경, 낮은 지역엔 농장과 관목지가, 고지대에선 프리가나라고 불리는 좀 더 척박한 땅이 있다. 봄에는 수많은 야생화가 피어난다.

제 작품에 자랑스럽게 적어두었다. 카뮈의 벗이자 스승 장 그르니에는 그의 산문에 영감을 주는 지중해의 아름다운 단상을 남겨두었다. 누렇게 변한 책에는 지중해의 풍경에 대한 찬사만 줄을 그어두기도 했었다. 무엇이 그들을 이렇게 다른 언어로 하나에 대해 칭송하게 했을까?

그들은 여기서 깊은 안도감에, 혹은 끝없는 무기력에 서서히 지나가는 시간을 볼 수 있다고 했다. 그것을 빛의 취기가 명상의 정신을 더 끌어올리게 한다고 표현했다. 산다는 단순한 즐거움을 넘어선 깨달음을 주는 풍경이라고 했다. 또한 깊게 받아 마시고 다시 내쉬며 긴 호흡을 고를 수 있으며, 고개를 들어 먼 곳을 볼 수 있는 풍경이 있다 말했다. 동시에 마치 압도적인 햇빛이 그리스를 삼켜버린 형상이라고 으름장을 놓기도 했다. 지금은 무엇이든 괜찮다. 나는 이제

야 그들의 지중해 언어를 이해했으니 쑥스러울 뿐이다.

마을 입구에 도착하자 길은 서서히 오르고 양옆으로 작은 숙소들이 자리하고 있다. 아직 여름이 오지 않았고 오후의 마을은 한적하기만 했다.

숙소를 잡고 어울리지 않게 일찍 잠이 들었다. 놀라울 정도로 깊은 잠을 자고 일어났다. 두통도 불면증도 없었다. 오랫동안 이어져 온 불규칙한 수면과 긴장감이 사라지고 순수한 열정과 단상이 가득한 아침이었다.

판델리스란 이름의 주인은 테이블에 오렌지만 내어놓고서는 밖을 내다보고 서 있다. 곧 오토바이 한 대가 누런 봉투로 말아 온 두툼한 빵을 전해주고 간다. 이 인상 좋은 주인은 빵을 큼직하게 잘라서 차와 함께 가져다주며 오렌지를 가리키며 제 농장에서 아침에 가져온 것이라고 알려준다. 투숙객은 혼자인데 가져다 놓은 오렌지는 한

미케네의 판델리스, 그의 원래 직업은 외항선원이다. 한국 선적의 배를 타기도 하며 바다에서 황금을 가져와 고향에 작은 호텔을 지어놓았다. 지금도 비수기에는 배를 탄다고 한다. 셈에 능한 그리스인답지 않은 그리스 뱃사람이었다. 호텔명은 그의 이름과 같다.

가득이다.

내게 여행은 느긋함보다는 치열함이었다. 여행을 떠나는 순간부터 한순간도 멈추지 않는다. 꺼져가던 열정을 다시 살리기 위해서 걷고 또 걸었다. 지독하게 걸어 오르고 그곳에서 묻고 대답한다. 왜 여기 있는지, 왜 나였는지, 이제 어디로 가는지 그야말로 끊임없이 '물음'을 적어간다. 그런 긴장 가득한 여행에서 오늘 같은 아침은 흔치 않았다. 배낭 하나에 담은 물건이 살아가는 데 필요한 전부인 적당한 편안함이 있다. 이제 낯선 곳에 대한 두려움보다는 돌아갈 그곳에 대한 걱정이 더 커지는 순간이 왔다.

고대 유적지에는 몇 개의 작은 호텔이 있는데 그중에는 1874년 하인리히 슐리만이 미케네를 처음 발굴할 때 묵었던 숙소도 여전히 있다.

고대 미케네로 가는 길

판델리스의 작은 호텔

미케네의 들판

그리스 마을 묘지

호텔 헬레네

예배당을 축소한 거리의 성소

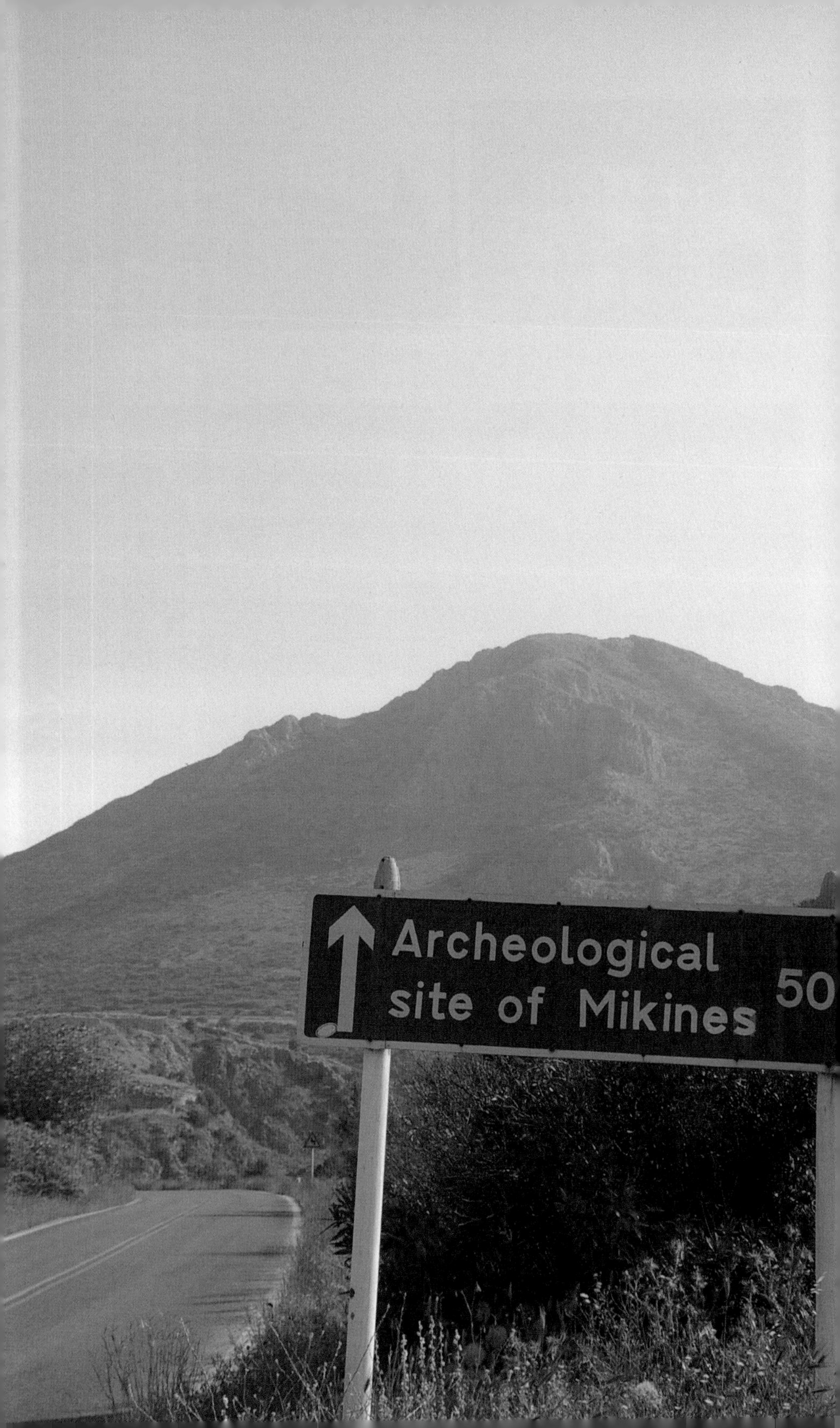
Archeological
site of Mikines
50

호메로스의 황금 도시

미케네

황금의 도시에는
헤쳐 놓은 무덤과 빈 보물 창고가 있다.
주인이 누군지 중요하지 않다.
기대하는 것은 '빛나는 돌'이다.

제 형제를 죽여 저주를 받고,
제 딸을 바쳐 신의 노여움을 풀고,
다시 제 자식에게 죽는 비극의 주인공이라도 상관없다.

그가 황금가면의 주인공이며
아가멤논이면 되는 것이다.
모두가 기대하는 것은 호메로스가 전한 '황금의 도시'이다.

나는 운 좋게 그 위대한 도시를 만나는 법을 알고 있다.
저기 저 자리에서 제 그림자가 사라지는 순간을 기다려라.

호메로스가 일리아드에서 '위대한 황금의 도시'라고 묘사한 도시가 미케네였다. 그리스인들은 오래전부터 이 고도(古都)에 살았던 아트레우스 가문의 비극에 대해 잘 알았고 그것을 다룬 연극을 보고 그 항아리에 술을 담았다. 수천 년 동안 부드럽게 쌓인 흙먼지가 굳어가고 매년 야생화가 피는 동안에도 미케네는 파헤쳐지지 않았다. 그리스인들은 사람들이 갑작스레 이 황량한 산에 모여드는 까닭을 이해하지 못했을 것이다. 사실 지독한 비극적 장소라는 얘깃거리와 고고학적 가치 등이 중요한 것이 아니었다.

1876년 독일인 하인리히 슐리만이 이곳에 도착했을 때 노인들은 그를 사자문 위로 안내했고 몇 개의 중요한 무덤 위치도 정확히 알려줬을 것이다. 이 노련한 발굴가는 이미 트로이에서 제 방식으로 의

고대 미케네의 왕궁터. 유적지는 후대 도시국가의 형태와 달리 궁전을 중심으로 한 요새화된 형태이며 산 중턱에 위치하고 있다. 유적지에서는 코린토스와 나프폴리온을 잇는 길목을 내려다보며 멀리 외항 역할을 한 나프폴리온 항을 확인할 수 있다. 아래로는 비교적 너른 평야가 있어 큰 규모의 도시를 추정해볼 수 있다.

미 있는 유물을 수습했던 경험이 있었다. 그는 사자문 바로 뒤를 파헤쳐 보석으로 치장한 유해가 있는 무덤을 찾아냈고 여러 구의 유해에서 13킬로그램이 넘는 보석들을 얻었다. 슐리만은 황금의 주인이 아가멤논 이길 간절히 원했다. 트로이의 존재를 증명한 자신이 트로이를 파괴한 아가멤논의 황금가면을 얻는다면 더할 나위 없는 성공이었다. 위대한 영웅의 시대를 제 손으로 파 올린 것이다.

하지만 아가멤논의 가면은 실제 트로이 전쟁보다 삼백여 년이나 거슬러 올라간다. 여러 발굴된 유적의 연대도 슐리만이 그리 원했던 아가멤논의 시대와는 상당한 차이가 있었다.

미케네의 유적은 청동기 시대의 유적이다. 기록으로 남아 있지 않은 이 시기를 추정하는데 고대 유적의 발견은 의미 있는 성과이다. 이 유적을 통해서 그리스의 고전 시기와는 확연히 다른 청동기 시대의 강건한 도시 미케네에 대해 많은 것을 확인할 수 있다. 특히 크레타의 미노아 문명과의 연관성을 생각해볼 수 있는 도상들도 여럿 등장한다. 그리스는 이후 기원전 1200년경부터 암흑기를 거쳐 기원전 800년경이 되면 도시국가의 건설과 더불어 문화적인 부흥기를 맞이하게 된다.

흥미로운 것은 '호메로스 시대'라고 불리는 미케네 시기를 호메로스가 살지 않았다는 점이다. 그는 기원전 800년경 인물로 추정되며 미케네와 트로이의 이야기가 담긴 일리아드 역시 이 시기에 적혔다고 본다. 이 서사시를 바탕으로 미케네의 이미지는 상징, 압축되어 전해져 왔다. 슐리만은 한쪽 팔에 일리아드를 끼고 발굴지를 돌다 미케네 A원형무덤. 슐리만은 사자의 문 뒤편의 이 무덤을 발굴해 황금을 얻었다. 그는 이 무덤의 주인이 아가멤논과 그의 동료라고 주장했지만 고고학적 시기상으로 큰 차이가 있다.

미케네의 황금가면, 미케네 박물관에는 복제품이 있고 아테네의 국립고고학박물관에 원형이 있다. 슐리만은 이 가면을 아가멤논의 것이라고 주장했다. 죽은 자의 초상으로 볼 수 있는 이 가면은 트로이 전쟁 이전의 시기로 추정된다. 특히 황금은 그리스의 다른 시기에서는 쉽게 찾아볼 수 없는 재료라 많은 점을 시사한다. 일반적으로 그리스에서는 신께 바치는 봉헌물로 대리석을 가장 값진 것으로 선호했으며 금은 재료가 나지 않아 널리 제작되지 못했다. 여기에 대해 미케네인들이 이집트 지역의 용병으로 활약하고 그 대가로 금을 얻었다는 견해가 있다. 금의 특성이 실제 이집트 남부의 붉은빛을 가지고 있어 이집트 문화와 교류도 추정해볼 수 있다.

였다. 그는 역사서가 아닌 서사시를 바탕으로 세기의 발견을 했던 것이다.

일리아드와 그 후편 오디세이는 영웅의 이야기가 신화화된 형태이다. 이 시기는 이른바 영웅의 시대로 트로이 전쟁을 배경으로 아킬레우스, 헥토르, 오디세우스 등의 전쟁영웅과 헤라클레스 등이 모험에 나서던 시기였다. 올림퍼스 신들의 자식이거나 도움을 받는 신적 영웅들이 등장하는 그리스 신화의 마지막 부분에 해당한다.

호메로스는 영웅의 시기를 청동기시대로 단정했다. 주목할 점은 일반적으로 암흑의 시대라고 보는 기원전 1200년경은 철기시대의 시작점과 비교적 일치한다. 이것은 상징적 제기와 무기를 들고 전투에 임하던 청동기 영웅의 시대에서 철기라는 보편적 무기로 대결하던 시민의 시대로 바뀌는 과정으로 해석해볼 수 있다. 암흑의 시대를 거쳐 그리스는 신의 시대에서 인간의 시대로 서서히 전환된다.

사자문, 문의 상방에 머리 없는 두 마리의 사자가 마주 보고 있다. 사자는 일반적으로 권력자를 상징하는데 미케네에서는 사자 몸을 한 스핑크스 한 쌍이 마주 보는 장식판이 출토되기도 했다. 또한 가운데 기둥은 크노소스 궁전의 기둥양식과 흡사한 특징을 가지고 있어 지중해를 매개로 이집트-미노아-미케네를 잇는 교류의 흔적을 짐작해볼 수 있다. 실제로 미케네의 유물에는 황소 도상과 도자기 등에서 미노아의 영향을 쉽게 확인할 수 있다. 미노아의 항해술과 문명을 받은 미케네는 후에 미노아의 크노소스 궁전을 파괴하기도 한다.

신화를 만드는 것은 사건을 영속화하는 그리스인의 세계관이다. 역사기록이 없던 마지막 시기인 미케네 시기가 신화의 마지막 장이 된 것은 우연이 아니다. 그리스인들은 암흑기라고 불리는 과도기를 가운데 두고 자신들의 과거를 신비롭게 과장할 수 있는 기회를 얻은 것이다.

후에 도시가 발달하면서 그리스인들은 서사시에 등장하는 영웅들을 자신들의 조상과 일치시키고자 한다. 이 과정에서 신화 속의 영웅은 다시 역사 속의 인물로 재탄생한다. 결국 영웅이 어느 시대에나 등장할 수 있는 불멸성을 획득한 셈이다. 도시국가의 정체성과 연대를 위한 가장 효과적인 이데올로기로 영웅 이야기는 환영받았다. 그리스의 도시국가들은 언어와 종교적 제전으로 느슨하게 묶인 문화권이었다. 이 종교적 제전에 참여하는 명분이 바로 영웅을 조상으로 모신 정통성이었다.

미케네는 잃어버린 기억 너머에 있는 영웅의 시대이다. 암흑의 시대를 거치는 동안 그리스인들은 미케네를 비극과 전쟁이라는 장치를 이용해 불멸성을 부여했다. 슐리만은 그 신화를 믿었던 것이다. 그리고 사람들은 여전히 그것을 아가멤논의 가면으로 부른다.

유적지 아래쪽에는 묵직한 상인방을 한 입구가 있는 무덤이 하나

키클롭스 성벽, 미케네에는 두께가 14미터에 달했다는 두터운 성벽으로 요새화되어 있었다. 이 성벽은 외눈박이 거인 키클롭스가 만들었다고 전해진다. 성벽은 비교적 개방적이었던 청동기 문명인 미노아와 달리 호전적이었던 미케네 문명의 증거라고 해석하기도 한다. 하지만 암흑기와 가까워지면서 인근의 티린스 등의 도시에서도 비슷한 흔적이 발견되는 것으로 보아 이민족의 침입 같은 재앙에 대비한 방비였던 것으로 추정한다.

도시는 수천 년 동안 묻혀 있었다. 저 산의 돌부리와 다를 바 없었던 돌은 파헤쳐진 채 다시 제 영광을 기억해야 했다.

있다. 이 무덤은 톨로스(벌집) 형태라고 불리며 둥그런 봉분 아래에 돔 형태로 석재를 쌓아 올린 석실 형태이다. 아트레우스의 보물창고라고 불리는 무덤에는 발굴 당시 아무것도 없었다고 한다. 슐리만이 미케네를 찾았을 때는 이미 창고는 텅 비어 있었다. 우리는 2세기경 이곳을 다녀간 파우사니아스라는 여행객이 사자문과 아가멤논, 엘렉트라, 아트레우스의 무덤까지 안내받았다는 기록이 있다는 것에 주목할 필요가 있다. 슐리만은 수많은 여행자가 다녀간 후 황금을 찾으러 온 마지막 인물이었던 셈이다.

오랫동안 이 도시는 위대한 황금의 도시로 알려졌지만 확인할 수 있는 것은 투박한 돌로 세운 문과 성벽뿐이다. 죽은 자의 치장에서 나온 보석은 땅속에 묻힌 것이지 도시를 빛내는 위대함과는 거리가 있다. 더군다나 은밀히 묻어 둔 부장품을 두고 황금의 도시로 불렸을 리도 없다.

나는 키클롭스 성벽에 올라 저 아래 땅을 내려다보았다. 황금의 도시라고 부른 사람은 여기가 아니라 저 아래에서 도시를 칭송했을 것이다. 오래전 미케네 시대에도 벌거벗은 산에 한낮의 태양은 높게 올랐을 것이다. 외눈박이 거인이 가져다 놓은 두터운 돌은 왕관처럼 이 산을 둘렀을 것이다. 그리고 한낮이 되면 돌은 빛을 받아 반짝였다.

황금은 지중해의 태양이 만든 돌이었다. 미케네는 태양에 빛나는 도시였다. 그리스의 태양과 벌거벗은 풍경을 본 자라면 키클롭스

아트레우스의 보물창고, 슐리만 발견 시 보물창고로 불렸지만 실제로는 무덤이다. 지름이 14미터가 넘는 반구형 지붕을 가지고 있다. 정교하게 쌓아올린 돌이 주는 규모가 인상적이다. 슐리만이 도착했을 때는 무덤은 비워져 있었다. 보물창고라는 명칭은 슐리만의 황금에 대한 기대에서 비롯된 이름임을 짐작할 수 있다.

의 돌이 얼마나 빛났을지 충분히 짐작할 수 있다. 그리스인들이 대리석을 최고의 봉헌물로 삼은 것도 마찬가지다. 흰 대리석은 한낮의 태양에 가장 빛나는 신전이 된다. 위대한 황금의 도시는 사실 위대한 빛의 도시를 말하는 것이며 그 주인공은 저 태양이다.

호메로스는 역사가가 아니라 서사시를 쓴 작가였다. 그는 위대한 태양의 도시를 황금도시로 비유했다. 이 땅의 사람들은 그 황금이 무엇을 의미하는지 알았다. 그들은 한낮의 태양이야말로 고대 그리스의 시간이라고 분명히 말하고 있었다. 그래서 두터운 땅을 파헤치지 않고도 정오가 되면 위대한 도시를 볼 수 있었다. 그것은 이방인에게 수수께끼와 같지만 그리스인들에게 이미 알고 있던 선험적 지식이다.

영웅이 불멸을 얻어가는 동안 인간은 황금에 눈이 멀어져 간다. 위대한 빛의 도시를 보기 위해서는 죽은 자의 가면을 벗길 것이 아니라 정오의 태양 아래 서 있을 용기만 있으면 된다. 나는 카뮈와 그르니에, 카잔차키스 덕에 저 아래에서 한참을 서성거렸었다. 어제 그들의 언어를 이해했는데 오늘 여기서 주인공을 만났으니 다행이다. 황금 도시 미케네의 주인은 저 고대의 태양이다. 저 태양에 시간을 맞추는 일이 진정한 그리스를 만나는 시작이다.

위에서 본 미케네 유적지, 미케네의 풍경에서 빛나는 돌을 찾기란 어렵지 않다. 정오의 태양에 시간을 맞추면 된다.

미케네 유적지

펠롭스가의 저주

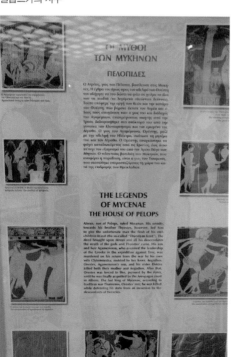

미케네의 문어 항아리

미케네 발굴 현장

그리스식 풍경

아트레우스의 보물창고

미케네의 비밀계단

아트레우스의 보물창고

아트레우스의 보물창고　　미케네의 청동단검

갇혀진 바다
나프폴리온

성채는 결코 내어줄 수 없음을 알리는 마지막 시위다.
내어줄 수 없는 것이 욕망과 집착이 아니라
관용과 양심, 도덕 같은 것이라면 얼마나 위대한 장소가 되겠는가.

내어줄 만한 것들을 가두어두는 성채는 무너진다
아무리 굳게 닫아도 무너진다.

성채를 지키는 방법은 돌을 두텁게 쌓는 것이 아니라
제 영혼을 지키는 대담함을 채우는 것이다.

그리스에서 처음 맞는 비 오는 날씨다. 쌀쌀한 바람이 여태껏 데워졌던 등을 차갑게 식힌다. 잠깐 쏟아졌던 비에 배낭을 뒤져 외투를 찾았다. 그리스에서 필요 없는 몇 가지가 우산과 바람을 막을 외투라고 생각했는데 집을 나선 여행자라는 생각을 잠시 잊고 있었다. 수개월을 다니면서 어떻게 비 한번 피할 생각을 안 했는지 모르겠다.

매끈한 대리석 블록으로 촘촘히 채운 길을 운동화 바닥으로 짚어가며 걸었다. 운동화 바닥이 닳아선지, 아니면 물기에 젖은 고풍스러운 대리석 때문인지 걸음이 어색해진다. 오랜 시간 걷다 보면 발의 감각이 예민해져 도시마다 전해오는 길의 감촉을 다르게 느낀다.

나프폴리온의 대리석 도로는 지금껏 다녔던 투박했던 도로와 달리 발바닥을 불편하게 하는 느낌이 있었다. 너무 잘 다듬어져 길의 불편함보다 발의 불편함이 더 느껴졌다. 그 핑계로 해변의 카페를 찾았다.

그리스에 온 후 고집스레 걸어 다녔던 터라 이렇게 턱을 괴고 한나절을 보내는 일은 없었다. 나는 생각이 많은 사람이다. 하루의 가장 중요한 시간을 이런저런 사색에 온전히 바친다. 잡다한 단상이든, 연구 구상이든, 원고작업에 관한 것이든 머리로 움직이는 시간은 내게 일상적이다. 대신 마음먹고 여행을 떠나면 걸어서 갈 수 있다면 걷는다. 먼 거리의 이동도 대중교통을 이용한다. 운전대를 잡는

나프폴리온의 해변, 베네치안식 부르치를 앞에 둔 해변에는 카페가 여럿 있다. 잘 다듬어진 이 도시는 투박한 그리스 도시보다 이탈리아의 작은 도시 같다.

머리로 기억하는 것은 언제나 한계가 있어 손에서 메모장을 놓지 않아야 한다. 하지만 더 분명한 기억은 걸으며 하는 생각이다.

순간 나는 차를 이동시키는 사람이지 나를 움직이는 사람이 아니다.

걷는다는 것은 머리가 아닌 몸으로 생각하는 방법이다. 몸으로 생각하는 경험은 훨씬 직관적이고 오랫동안 기억에 남는다. 머리로 생각하는 것은 반드시 메모장과 연필 그리고 논리력이 필요하다. 질문 대부분이 구체적 형상이 없이 물음과 답으로 이루어지기 때문이다. 하지만 몸으로 생각하는 경험은 걸으며 닿는 길의 감촉, 목덜미를 감싸게 하는 바람, 등을 데우는 태양까지도 기억한다. 물론 이런 경험은 대화를 통하기보다 제 몸에 더 귀 기울일 때 가능하므로 혼자 걷는 여행에서 더 큰 법이다. 무엇보다 '걷는 생각'은 억지로 하는 생각

나프폴리온의 거리에는 창문마다 화분을 내어놓아 낭만적인 분위기를 연출한다. 이 거리에 는 유명한 보석가게뿐 아니라 아기자기한 소품으로 치장한 상점이 많다.

신타그마토스 광장, 바닥에는 대리석을 깔아놓았고 광장 주변으로 베네치아식 건물과 회교사원 등 식민지배의 흔적이 남아 있다. 이 광장은 해변과 팔라미디 성 사이의 구도심에 자리하고 있다.

과는 전혀 다른 수월한 방법이다. 억지스런 생각이 반드시 그 자리에서, 무언가 해야 한다는 의무감이라면 '걷는 생각'은 자리를 벗어나는 것에서 시작한다. 그것이 바로 벗어나는 행위, 걸으며 생각하는 해방감이다. 그리고 영감(靈感)은 바로 이 자유로운 순간순간에 온다.

테이블 너머에는 베네치아의 부르치를 두고 조용한 바다가 있다. 소리 하나 없는 잔잔한 바다였다. 오랜 시간 이 도시를 가두어 놓은 저 부르치가 없었다면 바다는 어떠했을지 궁금하다.

나프폴리온의 바다는 조용하지만 파도를 타고 해변에는 이방인들이 오르내렸다. 그 장엄했던 부침에 비하면 이렇게 잔잔한 바다를 마주한 것은 행운이다. 열정과 순수한 의지도, 관대함과 인정도 변하지 않을 리 없다. 사람들은 먼바다에서 오는 사람을 외면하지 않았지만 그 관대함은 시간이 지날수록 욕망이라는 이름으로 매몰차고 잔인해져 갔다. 모진 풍랑이 지나가고 남은 것은 다시 잔잔해진 바다이다. 시간은 흘렀고 두터운 성을 올렸던 베네치아인들도, 뺏으려던 투르크인들도 떠났다. 그저 시간이 흘러 이렇게 된 것이 아니다. 그러기에는 너무나 긴 시간을 보냈으니 대가가 너무 크다.

두려운 것은 정작 그 풍랑 속에 사라져 버릴 혼돈과 회한, 고통이다. 다 사라져버리고 남은 건조한 평온함이 정말 우리가 원하는 것일까. 오전 내 바람이 불고 비가 내리던 하늘이 고요한 바다에 내려앉았다.

"단 하나뿐인 최악의 불행은 권태, 하늘이 송두리째 웅덩이 속에 내려와 고여 있을 때" — 『태양의 후예』, 알베르 카뮈

낮은 구름이 가득한 하늘은 고요한 바다에 갇혀 있었다. 가두어둘수록 두려움은 커진다. 부르치에서 굵은 사슬을 던져 바다를 가두면 그 안에 무엇을 담아둘 수 있겠는가? 항구는 바다로 내어주는 땅이다. 바다로 나갈 수 없는 항구가 무슨 소용이었을까. 그렇게 제 가진 것을 가두다 쫓겨나고, 다시 차지한 자는 더 두터운 불행을 만든다.

나프폴리온의 부르치, 베네치아가 건설한 항구에는 부르치라는 독특한 구조물이 있다. 부르치는 항구로 들어오는 길목을 통제하기 위한 목적으로 긴 체인을 이용해 앞바다를 폐쇄하기도 한다. 한편으로는 감옥 역할을 하기도 했다.

팔라미디 성, 15세기 이전까지 베네치아는 나프폴리온을 상업항구로 지배하고 있었다. 1540년 오스만에게 빼앗긴 후 1686년 다시 재탈환한다. 1714년 베네치아는 팔라미디 성을 쌓아 요새화했다. 하지만 이 요새는 투르크의 포위에 일주일 만에 무너진다. 1821년 독립전 쟁이 발발하자 그리스는 나프폴리온을 해방시켰다. 이후 수년간 이 도시는 근대 그리스의 첫 번째 수도가 되었다.

　두려움은 바다를 등지고 도시의 머리에 묵직한 성채를 올리기에 이른다. 성벽에 다시 성벽을 발라서 마지막에는 밖이 아닌 안으로 낸 총안을 만든다. 쏟아지는 포탄과 끝없이 타오르는 병사들, 최후 엔 제 포에 맞는 불행을 겪는다. 여차하면 수많은 적을 죽이는 대신 단 하나의 나를 죽이는 최악의 불행을 맞이하기도 한다.

　스스로 가두어놓은 집착과 두려움이 이 성채에 있다. 팔라미디 성 벽 아래로는 한낮에도 안개가 가득해 그 높이를 알 수 없었다. 부르치로 가둔 앞바다 대신 바다를 나서는 길은 성채 아래 절벽뿐이다. 보이는 바다는 가두어 두고 보이지 않는 저 바다로 나설 용기가 누가 있겠는가.

이 도시의 조용하고 우아한 풍경 뒤에는 인간의 욕망과 불행을 가 둬두고 있다. 펠로폰네소스 곳곳에 남은 중세 이방인의 성채를 이해 하기 위해서는 복잡한 역사뿐 아니라 인간의 두려움을 이해해야 한 다. 그 안에 가두어놓은 욕망, 분노, 두려움, 그것이 저 성채를 만든 절박한 의지이다. 예술을 창조하는 데는 절박함도 있다. 생존의 욕 구보다 절박한 것이 어디 있겠는가. 그러니 저리 강건한 성채를 쌓 았다. 단, 그런 절박함은 위대한 장소나 예술이 되기에는 부족하다. 지켜야 할 만한 것들이 없기 때문이다. 예술의 가치는 여기에 있다. 지켜야 할 만한 것들을 담는 것이다.

매끈한 대리석의 베네치아식 골목은 다음날에도 불편했다. 가두 어놓은 권태에 이 정도의 불편함으로 불행을 막을 수 있다면 제 얼굴 에 총안을 내는 어리석음은 저지르지 않았을 것이다.

가두어 둔 채 시간이 흘러 그대로인 것은 없다. 발이 불편해지거 나 삶이 불행해질 일만 있다.

팔라미디 성문, 문 위에는 베네치아를 상징하는 성 마가의 사자 문양이 새겨져 있다. 나프폴리온은 미케네의 외항 역할을 했던 곳으로 아가멤논은 여기서 배를 내었다. 무엇보다 나프폴리온을 설명하는 하나의 이미지는 베네치아이다. 베네치아는 지중해의 주요한 상업거점을 확보하다 나중에는 식민지를 적극적으로 개척했다. 비잔틴 제국 내에서 독자적인 무역권을 가지고 있던 베네치아인들이 십자군 전쟁 때 프랑크인들을 성지로 수송하면서 제국의 혼란을 틈타 동 지중해의 많은 섬과 펠로폰네소스의 주요 거점을 확보하게 된다. 이후 오스만제국과 그리스 지역의 식민지를 놓고 오랜 시간 대결을 벌여 한때 펠로폰네소스 대부분을 차지하기도 한다.

팔라미디 성의 내부. 성은 복합된 여러 개의 요새로 구성되어 있으며 형태가 잘 보존되어 있다. 7개의 요새는 서로 경계하기 위해 내부에도 총안을 내 놓았다. 마지막에 추가된 8번째 요새는 투르크인들이 세웠다.

팔라미디 성의 좌측 절벽, 성채의 좌측은 자연절벽으로 요새로서는 최적의 조건을 갖추고 있다. 바다에는 안개가 자욱해 두려움을 주기에 충분했다.

신타그마토스 광장의 베네치아 성 마가의 사자

현재 극장으로 사용하는 신타그마토스 광장에 있는 회교도사원

나프폴리온의 보석

나프폴리온의 거리

나프폴리온의 근대 독립운동 기념비

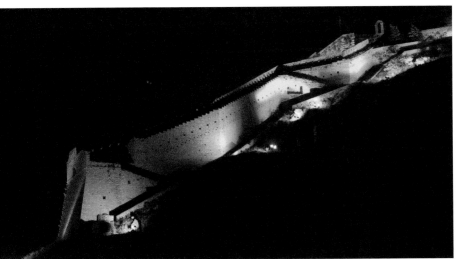

팔라미디 성의 야경

팔라미디 성으로 오르는 계단

팔라미디 성

팔라미디 성에서 바라본 바다

팔라미디 성의 보루

근대 그리스의 첫 번째 수도였던 나프폴리온에서
암살당한 카포디스트리아스 대통령

비잔틴 그리스의 고도古都
미스트라스

불타오르던 자리에는 빽빽이 삼나무가 자라고
사람들은 자신을 황제의 후손이라고 부른다.

사라진 제국이 남긴 미스트라스의 충만함이여.

미스트라스를 처음 찾은 때는 세 번째 여행에 나선때였다. 애초 펠로폰네소스의 깊은 협곡으로 가려했지만 며칠째 이어진 궂은 날씨에 다른 길을 택해야 했다. 트리폴리에서 루시오스 협곡 대신 택한 곳은 비잔틴의 마지막 도시 미스트라스였다.

이른 아침에 출발했지만 늦은 오후가 되어서야 스파르타에서 미스트라스로 향하는 마지막 버스에 올라탔다. 출발 시각이 한참이 지나 어린 차장을 데리고 나타난 기사는 단 한 사람의 승객을 확인하고 곧 출발했다. 고대 도시의 흔적이 사라진 평범한 스파르타의 주택가를 벗어나자 버스는 좁은 길을 투박하게 달렸다. 어린 차장은 제 할

스파르타 터미널. 현대 스파르타에서는 고대 도시의 흔적을 거의 찾을 수 없다. 고대 스파르타는 완전히 파괴되었고 중세 미스트라스 건설 시 도시의 석재를 가져다 사용했다고 한다. 미스트라스는 스파르타에서 30여 분 거리에 있다. 버스는 늦은 오후에 마지막 차가 있다.

일이 없음을 알고는 앞자리에 앉아 제 아버지뻘의 기사에게 연신 말을 건넨다. 기사는 대답 없이 큰 핸들을 바짝 안고 점점 좁아지는 길에서 눈을 떼지 않았다. 외길 양옆으로는 농장의 나무가 뻗어 나와 버스를 연신 거칠게 더듬고 있었다. 맞은편에서 차라도 오지 않을까 걱정이 들었지만 그보다는 지금까지와는 너무도 다른 풍경에 눈을 뗄 수가 없었다.

큰 고목이 있는 작은 광장을 버스가 크게 돌더니 차장이 손짓한다. 광장이라지만 오래된 나무 한 그루와 몇 개의 타베르나, 그리고 내어놓은 의자에 노인과 청년들이 몇 보인다. 사람들은 무심한 듯 제 이야기를 하고 있지만 광장에 내린 한 사람은 이 마을의 모든 시선을 받는 기분이었다. 뒤따라 내린 기사는 담배를 꺼내 물고 어린 차장은 여전히 그런 기사에게 말을 건네고 있다.

잠깐 주위를 둘러본 미스트라스의 모습은 태양과 가까운 그리스의 풍경과는 아주 달랐다. 건물은 회칠은 한 하얀 집이 아니라 돌로 쌓아 올려 견고했고 길바닥은 울퉁불퉁하게 다듬어 투박했다. 비가 내렸었는지 바닥 틈 사이로는 물기가 흥건하고 서늘한 공기는 물기를 충분히 머금고 있었다. 건조하기만 했던 미케네의 헐벗은 풍경과는 전혀 딴판인 첨탑처럼 높다란 산에서는 솟아 자란 사이프러스 나무가 무성했다.

배낭을 버스 아래 트렁크에서 꺼내는 동안 사람들 소리보다 더 크게 들려오는 것은 새들의 울음소리였다. 바짝 마른 땅에서는 그늘을 찾기도 바쁜 새들이 여기서는 쉬지 않고 울었다. 건조한 태양의 한 마을 광장, 광장에는 여행객보다 마을 사람들이 더 많이 모여 있다. 사람들의 대화를 들어보 생기가 넘친다.

마을은 해안가의 풍경과 정반대의 모습을 보여준다. 자갈투성이의 황량한 야산 대신 높게 자란 나무가 숲을 이루고 하얗게 칠한 회벽 대신 담쟁이가 물기를 머금고 벽을 타오른다.

고대 미스트라스, 타이게토스 산맥의 깊숙한 자리에 성채와 수도원, 비잔틴 궁전 유적이 있다. 이 중세 도시는 충분한 수량과 서늘한 바람으로 자란 숲 속에 있다. 하나의 언덕에 온전히 중세 도시로만 이루어져 그리스에서 가장 인상적인 곳 중 하나이다

낮이 고대의 시간이라면 여기 시간은 서늘한 그늘이 드리워져 있다. 그리스의 중세로 제대로 찾아온 것이다.

　단 하나 있는 이곳의 호텔 테라스에 서자 타이게토스 산맥의 한 자리를 차지한 여러 채의 비잔틴 교회가 눈에 들어왔다. 져가는 늦은 오후 고대 미스트라스의 풍경은 녹색의 숲 속에서 빛을 내고 있었다. 저기 저 고달팠던 비잔틴의 마지막 언덕에는 빈 곳이라고는 없는 충만함이 있었다. 충만함, 나는 주로 번역서에서 봤던 이 문어체 단어에 대해 오랫동안 흥미가 있었다. 그리 표현한 느낌을 어디서 찾을 수 있을지 늘 궁금했다.

언덕 위에는 자리를 양보할 뜻이 없는 프랑크인들의 고집스러운 성채가 있고 그 아래 숲 속에는 비잔틴 군주의 궁전과 브론토키온, 판타나사, 페리블레프토스 등 유서깊은 이름을 가진 수도원이 차례로 자리를 잡고 있다. 가장 낮은 곳에는 황제의 자리가 있는 미트로폴리스 교회가 있고 그 아래로는 오렌지와 레몬으로 가득한 풍요로운 농장이 푹신한 담요처럼 펼쳐져 있었다.

더군다나 여기 풍경에는 촉촉한 물기와 생기가 가득했다. 가만히 귀를 기울이면 어디선가 흐르는 물소리가 들렸다. 그리고 사람들의 목소리와 새소리가 물소리를 따라 재잘대고 웃으며 흐르고 있었다. 강이라고는 손에 꼽을 정도의 건조한 땅에서 이렇게 충분한 물기는 저 숲을 오랜 시간 뿌리내려 이리 충만한 풍경을 만들어냈을 것이다.

그리스의 풍경은 태양 아래서 무언가를 즐긴다는 생각을 할 수 없다. 그늘을 찾아 숨을 돌리면 시간을 직시하는 침묵과 나른함이 묘하게 몰려오는 그런 원시적인 시간을 보게 된다. 그런 풍경은 채워져 있기보다 탈탈 털어 내어놓은 바짝 말라버린 이불 같다. 말라버린 이불은 무미건조하지만 덮었을 때 느껴지는 근원적인 만족감이 있다. 하지만 타이게토스 산의 그늘에 자리한 미스트라스는 검붉은 흙과 짙은 나무가 전혀 다른 모습을 보여준다. 충분히 자란 나무와 숲, 겹겹이 쌓은 돌이 주는 굳건한 믿음 같은 것들은 늦은 오후에 어울리는 충만한 풍경이다.

미스트라스는 비잔틴 제국의 마지막 황제가 대관식을 치렀던 마지막 자존심 같은 곳이었다. 콘스탄티노플과 너무도 멀리 있는 이 도시가 황제의 도시가 된 것은 참으로 아이러니하다. 펠로폰네소스의 중요지역은 십자군 전쟁이 이어지는 동안 성전에 나선 프랑크인들과 베네치아인들의 수중에 있었다. 하지만 제국의 말기 그리스의 오래된 고향과 같은 이곳에서 황제의 형제들이 모레아 지역의 군주로 자리 잡아 힘을 상실한 비잔틴을 지킬 마지막 희망이 되었다.

모레아는 중세시대 펠로폰네소스의 이름이고 그 이름은 미스트라스의 옛 이름 메지트라(mezythra)에서 시작된 것이다. 미스트라스는 마지막 비잔틴 시기에 제국의 중심이었다. 이 깊숙하게 자리한 곳에는 원래 프랑크인들이 세운 요새가 먼저 들어섰다. 그들은 성지로 가기 위해 나섰다가 눌러앉은 북유럽의 영주들이었다. 미스트라스는 그들이 제자리를 지킬 요새로서는 최적의 장소였다. 특히 십자군 전쟁이 지속되면서 제국을 파괴한 건 회교도들이 아니라 성전에 나선 기독교인들과 바다 장사꾼들이었다. 그들은 모레아의 해안에 자리한 나프폴리온, 모넴바시아, 파트라 등을 차지했고 떠날 생각이 없음을 요새를 지어 알렸다.

미스트라스는 제국의 도시가 되기에는 너무 멀었고 깊숙했다. 하지만 바다로 모험을 나서기 위해 세운 고대도시와 달리 중세 비잔틴의 도시들은 바다에서 뛰어든 적을 피해야 했다. 결국 이 모레아의 군주였던 팔라이올로고스는 1449년 여기서 황제의 관을 받았다. 그는 황제로서 콘스탄티노플을 지키기 위해 떠났고 이내 제국은 멸망

했다. 투르크인들이 지배하던 이곳을 17세기에는 베네치아인들이 차지했고 18세기 초 다시 투르크인들로 주인이 바뀌었지만 도시는 러시아인들과 알바니아인, 투르크인들이 불태워버렸다.

오늘날의 그리스인들은 그 고향을 신화가 아닌 비잔틴에 뿌리를 두고 있다. 비잔틴은 그리스 언어와 문화로 이루어진 중세 그리스이다. 황궁에서 마지막으로 로마어를 사용하던 황제 유스티니아누스가 죽자 동로마제국은 오직 그리스어를 사용하는 비잔틴 제국이 되었다. 이 제국은 동방정교회의 구심점이었으며 그리스인들은 비잔틴과 정교회를 두 개의 세계로, 자신들의 나라와 문화로 인식했다.

특히 미스트라스는 이른바 비잔틴 그리스라고 불리며 제국의 후반을 주도했던 모레아의 주도였다. 이 시기 비잔틴은 그리스 땅에서 그리스인들에 의해 그 운명을 이어갔다. 그리스인들은 비잔틴의 몰락과 함께 처음으로 제 땅을 잃은 고통이 시작되었다고 생각한다.

미스트라스는 불타 사라진 중세도시의 검붉은 거름과 타이게토스 산맥의 그늘에서 얻은 충분한 강수량으로 풍요로운 들판을 가지고 있다. 어디 한 곳 빈틈없다.

그래서 제국은 사라졌지만 정신적 제국은 더 큰 신앙적 믿음으로 커 갔던 것이다. 정교회에 대한 신앙은 바로 비잔틴의 유산이자 그리스 인들이 제 민족을 이어온 유일한 세계였다.

수만 명에 이르던 사람들은 황제의 후손이라고 자처하며 남은 마을 사람들이 전부이지만 불타오른 땅에서 검은 나무는 자라났고 물은 여전히 흘렀다. 고대 도시들이 철저히 파괴된 후 적막감 속에 버려져 있다면 비잔틴 도시는 무너진 후에도 숲에서 숨을 쉬고 있다. 숲에는 흐르는 물소리와 새소리가 있고 수도자들의 고요한 묵상이 들린다. 땅 위에 자리한 제국은 사라졌지만 하늘 위에 자리한 신앙은 살아서 사람들을 모으니 이 파괴된 도시에 생명이 있는 것이다.

마지막 황제 팔라이올로고스는 그리스인의 슬픔을 상징하는 인물이다. 그는 영웅의 시대가 지난 뒤 이 땅에서 황제가 되어 비장하게 죽어간 그리스의 아들이다. 고대 영웅은 불멸을 얻었지만 오늘날 그리스인들에게 깊은 감명을 주지는 못한다. 그들의 자리는 비어 있고 오래된 이야기일 뿐이다. 황금이 함께해야 그들의 자리가 의미 있을 뿐이다.

하지만 그리스의 아들은 자신의 제국을 잃었지만 또 하나의 제국, 정교회를 통해 사람들에게 살아남았다. 그는 신의 아들이자 영웅이 되는 대신 그리스의 아들이 되어 여기 광장에 나와 앉은 사람들의 뿌리가 되었다. 뿌리를 내린 곳은 무자비하게 파괴되어 불탄 땅이었다. 비잔틴의 도시는 거름이 되어 나무가 되고 비잔틴의 후손이 되어 여기 작은 마을이 그토록 충만했던 것이다.

파괴된 도시에서 뿌리가 굳건한 충만함을 본다.

비잔틴의 마지막 황제 콘스탄틴 팔라이올로고스, 그는 모레아의 군주였으며 이곳
미스트라에서 대관식을 치른 그리스의 황제였다. 황제는 콘스탄티노플에서
이름 없는 병사에게 죽임을 당했으며 비잔틴 그리스를 상징하는 인물이다.
그의 동상은 아테네의 대성당 광장뿐 아니라 많은 곳에 자리하고 있다.

미스트라스 마을 대부분의 식당과 상점은 비잔틴의 이름을 내걸고 있다. 타베르나의 메뉴판
과 민가에도 비잔틴의 독수리가 있다. 마을 사람들은 자신들이 황제의 후손이라고 자처한다.

미스트라스의 호텔 비잔티온

마을의 오렌지

미스트라스행 버스

고대 미스트라스로 향하는 도로에는 차가 다니지 않는다.

마을 담장의 비잔틴 황제 문양

마을에서 본 카스트로

파우스트의 성채
미스트라스

"스파르타 뒤, 북방 고원지대에
타이게토스 산을 등지고 있는 계곡이
수년간내 버려져 있는데
거기 힘차게 흐르는 냇물은 오이로타스 강으로 흘러가죠.
그런 다음 계곡을 통해 넓은 갈대밭을 흐르며 백조들을 키운답니다.
그 뒤편 은밀한 산간에 북쪽 어둠의 나라에서
한 용감한 종족이 이주해왔지요.
그들은 굳건한 성채를 쌓아놓고
제멋대로 나라와 백성을 괴롭히고 있답니다." - 『파우스트』, 괴테

유적지로 들어가는 입구는 두 개가 있는데 로우타운로 들어가서 미트로폴리스부터 위로 향하는 길과 어퍼타운으로 들어가서 카스트로에서 아래로 내려오는 두 가지 길이 있다. 여기 갈림길에서 위로 향하면 어퍼타운 입구로 향한다. 약 30여 분이면 충분히 어퍼타운 입구로 갈 수 있다. 하지만 카스트로에서 맑은 전경을 보고자 한다면 밑에서부터 올라가기를 권한다. 이른 아침에는 안개가 자욱한 날이 더 많다. 단, 파우스트의 인상적인 장면을 기억하는 여행자라면 바로 카스트로로 가기를 권한다.

이른 아침, 고대 미스트라스를 향해 나선 길은 안개가 자욱했다. 타이게토스 산맥은 해안지대에서 뜨겁게 오르던 열기를 막아서 촉촉한 그늘을 만들어준다. 쏟아지는 비가 아니라 마치 바람을 맞듯이 젖어가는 비에 옷자락이 흥건하다. 600여 미터 높이의 정상에 위치한 성채-카스트로로 향하는 길은 마을의 돌담에서 돌길로 이어지고 점점 더 짙은 안갯속으로 향했다. 고집스레 걸어서 프랑크족의 성채에 도착했지만 그 높이를 짐작할 수가 없다. 성채는 있지만 그 위에 서기가 두려워진다.

한 치 앞도 내다볼 수 없는 희뿌연 장막이 걷히면 어디선가 매력적인 파우스트가 손을 들며 걸어올 것 같다. 파우스트에는 고대 스파르타의 여인 헬레나를 여기 미스트라스의 성채로 꾀어 만나는 장면이 묘사되어 있다. 흥미롭게도 그 장면에도 안개가 자욱하게 깔리는데 과거의 헬레나와 파우스트를 만나게 하는 시공간을 초월하는 중요한 역할을 한다. 헬레나는 다시 한 번 제 불행을 앞에 두고 안개 낀 성채로 향하던 두려움을 이렇게 묘사하고 있다.

미스트라스의 어퍼타운, 이 신비스런 유적지에는 새벽이면 짙은 안개가 자욱하다. 안개에 드리워진 곳이 카스트로, 아랫부분의 건물이 옛 비잔틴 궁전이다.

"주위가 안개로 휩싸여

벌써 모든 걸 가려버렸네. 우리는 서로를 쳐다볼 수 없구나.

어쩐 일일까? 우리는 제대로 가고 있을까?

종종걸음 땅을 스치며 떠가는 것일까?

아무것도 안 보이지? 헤르메스가 앞장서 떠가는 게 아닐까?

황금 지팡이를 들어 돌아가라, 명하는 게 아닐까?

알 수 없는 형상들로 가득하고

잿빛 날씨의 불쾌한 영원히 공허한 지옥의 나라로?"

나는 파우스트의 이 장면을 대수롭지 않게 생각했다. 무엇보다 고대의 헬레나가 파우스트와 만나는 장면에 대한 극적인 감흥을 크게 느끼지 못했다. 둘의 만남을 연결하는 것은 이상과 파우스트의 욕망이 만나는 환영일 뿐이라고 생각했다. 하지만 안개 가득한 성채에 다가서자 이 비밀스럽고 장엄한 제단 같은 곳이라면 파우스트가 꿈꾸던 고전적 미 - 헬레나를 실제로 만날 수 있을지도 모른다고 슬며시 고백을 하고 있었다.

오직 머리로만 받아들인다면 파우스트는 과거와 현재, 신과 인간, 악마와 인간 등의 극단적인 가치들이 한데 뒤섞여 만들어낸 괴물이 되어 전락하는 인간이다. 하지만 파우스트는 인간 이상을 꿈꾸기 위해 영혼까지 팔아넘긴 무모한 열정을 가진 또한 인간이다. 나는 제 영혼을 걸고 이곳에 서 있었을 파우스트의 존재를 부정할 수 없었다.

카스트로의 입구. 돌은 젖어 있고 안개는 눈을 가렸다. 사방이 절벽인 성채에서 안개는 두려움을 더 키운다.

카스트로를 아침 일찍 방문했다면 아래를 내려다보는 멋진 풍경은 포기하는 대신 아주 인상적인 장면을 목격할 수 있다. 괴테는 자신의 전 생애를 거쳐 파우스트를 집필했는데 가장 극적인 장면이 바로 고대의 헬레나와 파우스트가 만나는 부분이다. 그 장소가 미스트라스의 성채로 묘사된다. 이 장면에서는 안개가 자욱한 것으로 묘사되는데 실제 카스트로 부근은 이른 아침에는 안개가 자욱한 날이 많아 시간과 공간을 뛰어넘는 고전의 장소로 큰 감흥을 준다.

그 정도의 절박함이라면 여기 끝없이 피어오르는 안개에 휩싸인 성채에 서서 헬레나를 기다리는 신비로운 의식을 치렀을 것이다.

파우스트의 한 장면이 눈앞에 펼쳐지자 한동안 흥분되는 마음을 감출 수가 없었다. 결코 읽어서 알 수 없기에 괴테는 산문이 아닌 극으로 만들었고 그보다 더한 극적인 장치는 걸어서 도착한 곳에 있었다.

미스트라스의 성채, 카스트로는 1249년 십자군 원정에 나섰던 빌라르두앵 가문의 영주에 의해 세워졌다. 북유럽에서 온 프랑크족의 기사였던 그들은 여기 이 깊숙한 타이게토스 산에서 그들의 고향과 비슷한 분위기를 발견했을 것이다. 그들은 그리스인들과 용모도 달랐고 문화도 달랐다. 이질적이었던 만큼 그 성채를 더 요새처럼 만들어 문을 걸어두었다.

그리고 그의 성채, 그걸 직접 보셔야 합니다.
키클롭스가 집 짓듯 아무 계획도 없이
당신네 조상이 거친 돌 위에
또 거친 돌을 쌓아 올린
그런 볼품없는 성벽과는 다릅니다.
모든 게 수직이고 수평이고 규칙적이지요.
밖에서라도 한번 보세요. 하늘 높이 솟아 있는 모습이 무척이나 견고하고 이음새도 말끔하여 철 같이 반들거린답니다.
거길 기어오른다고요…?

헬레나를 설득하기 위해 늘어놓던 성채에 대한 괴테의 묘사는 아주 흥미롭다. 괴테는 정확히 그리스의 성채와 프랑크족의 성채를 구분하고 있다. 키클롭스는 미케네의 성벽을 쌓았다는 외눈박이 괴물이다. 그리스의 성채는 이 땅의 돌을 드러내 헐벗은 풍경과 어울리는 투박한 성벽을 쌓았지만 북부에서 내려온 프랑크족은 철저히 가공된 성벽을 쌓아 올렸다. 이런 묘사는 오늘날 지중해와 북유럽을 나누는 뚜렷한 풍경과 관습의 구분으로도 손색이 없다.

지중해의 여인, 헬레나에게 파우스트의 성채가 얼마나 매력적인지를 보여주기 위한 감언이설이지만 모레아 시대 곳곳에 올린 프랑크족의 성채가 얼마나 이질적이었는지를 짐작할 수 있다. 그리스인들이 볼 때 그들의 성채는 지상의 모든 땅을 감시하는 부릅뜬 눈이었다. 그들은 성채에서 보이는 땅을 분할하여 모레아를 나눠 가졌다. 그들은 지상의 왕을 원했기에 가장 높은 곳에 왕관을 올려두었다. 그 아래 즐비한 천상의 왕관-수도원은 애초 관심이 없었다. 물론 그들이 십자가를 가슴에 새긴 하느님의 군사를 자처했던 것은 그리 중요하지 않았다. 그렇게 지상의 왕국은 여러 번 주인을 바꾸었지만 천상의 왕관을 위한 교회와 수도원은 여전히 미스트라스에서 가장 온화하게 빛나고 있다.

카스트로에 속한 궁이었지만 미스트라스가 비잔틴 군주에 바쳐진 후로 비잔틴의 중요한 궁이 되었다. 현재 일부가 복원 중에 있다.

미스트라스 카스트로, 이 성은 빌라르두앵의 기욤 2세에 의해 1249년 고립된 요새로 지어졌다. 10년 후 비잔틴 제국은 모레아 지방에 대한 대대적인 전투를 시작했는데 그 과정에서 기욤은 포로로 잡히고 석방의 대가로 미스트라스와 모레아 동부 지역을 양도하게 된다. 이후 비잔틴은 모레아 지방을 다스리기 위해 황제의 동생을 보내 이 일대에 대한 지배를 굳건히 하게 된다. 이후 미스트라스는 비잔틴의 주요한 도시로서 콘스탄티노플 못지않은 위상을 얻고 번성하게 된다.

미스트라스는 상층의 어퍼타운과 하층의 로우타운으로 크게 구분하는데 그것을 연결하는 문이 모넴바시아이다. '유일한 문'이라는 뜻을 가지고 있는 이 문은 서로 다른 두 개의 공간을 나누는 동시에 잇는 문이다. 모넴바시아 바로 위로는 폐허가 된 궁전이 있고 아래로는 교회와 수도원이 자리하고 있다. 지상의 군주들은 높은 곳에, 성소는 낮은 곳에 위치한 공간 배치는 더 이상 아크로폴리스가 필요 없는 인간의 세상이 시작되었음을 알려주는 것이다. 신의 공간이 더 높은 곳에 위치한 고대도시와 달리 제 왕관을 더 높은 곳에 숨겨야 하는 약탈의 시대에는 군주는 더 높은 곳에 숨어들 수밖에 없다.

문 아래로는 교회를 두고 더 아래 그리스인들은 위로 올라와서 일종의 중간구역에서 세계는 만나는 것이다. 그렇게 본다면 천상으로 향하는 유일한 문, 모넴바시아는 아래에서 위로 향하는 것이 아니라 위에서 아래로 가는 방향성을 가진다.

모넴바시아에 도착하면 안개는 서서히 사라지고 무너진 벽체들이 그 모습을 드러내기 시작한다. 불타버렸던 땅에는 숲이 속살을 채웠지만 제 얼굴은 뼈만 앙상하게 남았다. 남아 있는 작은 교회의 벽화는 오랜 안개와 습기 때문인지 서서히 떨어져 나가 예수의 수난을 더 극적으로 만들고 있다.

이제 앞을 가리던 파우스트의 장막이 걷어졌다. 가장 온전한 수도원으로 향하는 돌길에는 사람의 흔적이 보이기 시작하고 멀리 라코니아 지방의 경작지가 풍요롭게 펼쳐져 있다. 어퍼타운의 세계는 몰락했지만 그 아래 천상의 세계는 여전히 수도사들이 거주하며 숨을

모넴바시아, 어퍼타운과 로우타운을 잇는 문이다. 도시의 상·하 공간적 구분은 다른 그리스 도시에서도 확인할 수 있는데 특히 주목받는 도시는 그 이름이 모넴바시아이다. 미스트라스의 외항 역할을 했던 모넴바시아는 이방인들이 탐내던 요충지였다.

쉬고 있다. 사람이 살고 있는 곳에는 범접할 수 없는 조심스러움이 있다. 카스트로에서는 안개가 그 역할을 했다면 판타나사 수도원에서는 사람의 흔적에 문 앞에서 망설이게 한다. 깨진 기와를 세워 흙을 채우고 꽃을 다듬는 사람의 땅은 흙먼지가 나지 않는다. 문을 반쯤 열어둔 수도원에는 쓸어놓은 마당과 소박한 항아리, 밥을 빌어먹는 고양이가 이방인의 소란스러움을 주의시키고 있다.

판타나사 수도원 아래에서 깊숙한 곳으로 들어서면 숲 속으로 길이 이어진다. 나는 이런 발자국 서걱이는 소리가 나는 길을 좋아하는데 페리블레프토스 수도원으로 향한 길이 바로 그랬다. 이 숲은 안개 가득한 지상의 세계도, 종소리 가득한 천상의 세계도 아닌 홀로 걷는 자를 위한 오솔길이다. 정오의 태양은 숲에 들어 젖은 풀과 나뭇잎을 빛내는데 만족해야 했다.

"이런 시간의 이런 빛이 내리는 이런 오솔길을 우리는 언젠가 지나갔었다.

해가 기운다.

고독한 나의 발자국 소리가 낙엽을 밟는다.

저 길의 끝 어디선가 나를 기다리는 사람들과 이 길 위에 서 있는 나 사이의 거리가 바로 그리움의 자장일 터이니 그 거리를 지워버리지 말고 그냥 '여기 서서' 그들을 사랑하는 것이 낫겠다.

만나서 이야기를 나누면 오히려 그 말이

우리의 사랑을 배반하고 우리를 떼어놓을지 모른다."

―『태양의 후예』, 알베르 카뮈

판타나사 수도원. 현재 수도사들이 거주하고 있는 수도원이다. 폐허가 된 다른 유적지와 달리 수도사들이 살고 있어 정교회 공동체의 생활을 엿볼 수 있다.

카뮈의 이 따뜻한 위로는 홀로 걷는 것에 익숙한 내게 큰 위안이었다. 입을 다문 자에게 온갖 억측이 쏟아지는 것이 무엇 때문이겠는가. 그들이 사랑하지 않기 때문이다. 만나서 이야기를 나누면 사랑하고 그 거리만큼 멀어지면 미워하게 되는 것인가. 그들이 사랑한다면 더 기다릴 것이다. 나 역시 그들을 사랑하니 이리 먼 길에서도 그리워하는 것이다. 분명한 것은 그 '거리'가 무언가를 결정해서는 안 된다. 더 확실한 것은 '말'이 우리를 결정해서도 안 되며 갈라놓아서도 안 된다.

페리블레프토스 수도원으로 가는 길. 이 길은 주요 길과 반대방향이라 비밀스러운 고요함이 있다. 가만히 입을 다물고 걷는 길에 마음을 채우는 충만함이 있다.

생각해보면 사람들 사이를 갈라놓는 것은 언제나 말이었다. 말은 사람을 갈라놓지만 침묵은 결코 사람을 배신하지 않는다. 가만히 숲길을 걷다 보면 말은 사라지고 마음속에 울리는 단상이 있다. 점점 더 거리가 멀어질수록 가만히 서걱이는 제 발자국 소리만 남는다.

조용한 숲길을 지나자 경사진 암벽에 세워진 수도원이 또 다른 세계의 문 너머 있다. 타이게토스 산에 등을 바짝 붙이고 단단하게 쌓아 올린 건물은 여러 개의 아치로 입구를 내어두고 있다. 견고하게 둘러놓은 석재는 발을 옮길 때마다 두터운 느낌으로 전해온다. 벽체 위에는 몇 개의 돔이 올려져 있는데 돔에는 그리스도의 모자이크와 프레스코화가 하늘을 구성한다. 그 아래 벽체에는 지상의 대리인 사제들이 있고 그 사이에는 성모와 아기 예수가 자리한다. 더 이상 물러설 곳 없는 등과 단단한 벽체는 오직 종교적 자유만을 허락해준다면 가장 높은 곳을 내어 성채를 허락했던 절박한 시절을 떠올리게 한다.

가장 아래에 위치한 미트로폴리스 성당에서 모레아 군주 콘스탄티누스 팔라이올로고스는 두 개의 머리를 가진 황제가 된다. 하나의 머리는 지상의 제국인 비잔틴을 또 하나의 머리는 천상의 제국인 정교회를 상징한다. 그는 황제이자 정교회 수장이었으며 세속을 지배했으며 동시에 영속을 대리해야 했다. 투르크인들에게 맞서는 것은 제국의 땅을 지키는 동시에 신앙을 지키는 일이었다. 이것은 황제가 되면 짊어져야 할 무거운 의무였다.

페리블레프토스 수도원의 석문. 길 끝에는 아치 형태의 상징적인 석문이 있다. 문에는 얄팍한 기둥이 새겨져 있고 상부에는 두 마리의 사자 문양이 새겨져 있다. 수도원의 아치에는 대부분 의미 있는 문양이 새겨져 있으므로 눈여겨보는 것이 좋다.

페리블레프토스 수도원, 아래로는 견고한 석재받침을 튼튼히 한 한 수도원이다. 이 수도원의 내부 프레스코화는 아주 유명한데 보존상의 문제로 관람에 제한을 두고 있다. 미스트라스에 위치한 교회와 수도원의 벽화는 훼손이 심해 일반인들이 쉽게 그 형체를 알아보기 어렵다. 설령 개방되어 있다 하더라도 어두운 실내에서 그 감흥을 얻기가 쉽지 않다. 로우타운의 입구에는 기념품과 책자를 파는 곳이 있는데 그곳에서 미리 도록을 구해보고 현장에서 확인하는 것이 가장 좋은 방법이다.

그가 미스트라스를 떠나지 않았더라면 제국은 이 요새에서 수십 년은 더 버텼을지도 모른다. 하지만 제국은 때가 되면 사라질 새벽의 파우스트 성채와 같았다. 껍데기만 남은 성을 지키기 위해 콘스탄티노플로 간 것이 아니었다. 그가 하나의 머리를 내어놓더라도 나머지 머리는 지킬 방도를 찾아야 했을 것이다. 그것은 신념이다. 비잔틴은 그리스 땅 위에 서지만 정교회는 그리스인의 가슴에 서 있다. 도시는 창과 방패로 지키지만 신앙은 신념과 믿음으로 지킨다. 황제는 자신의 창이 무뎌지고 방패는 더 이상 쏟아지는 화살을 막아줄 수 없다는 것을 알았지만 다른 방법이 없었다. 대신 신앙을 지킬 신념은 용기로도 충분했다. 항복을 권한 술탄의 제안을 거절하고 쓰러졌지만 황제의 신념은 그리스인의 가슴에 슬픔과 좌절 대신 깊은 인상을 심어주기에 충분했다.

그리스인은 제국을 잃었지만 신앙으로 살아남았다. 도시의 가장 높은 곳을 내어주고 가혹한 세금을 내어도 사제들은 교회를 지켜줄 것만 청하였다. 지상의 제국은 이후 수백 년간 사라진다. 그래서 정교회는 종교이자 그리스의 제국이었다. 저 곳곳에 새겨진 독수리 문양에 대한 애착은 그래서 더 절박했을 것이다.

젊은이들이 축구장에서 저 유서 깊은 상징이 가득한 깃발을 흔드는 광경은 그들을 이어주는 근원적인 것에 대한 가치가 여전함을 보여준다. 오늘날 그리스인들이 지극히 개인적이며 국가에 대한 애착이 없다는 분석은 그리 쉬운 이야기가 아니다. 이방인이 비난할 만큼 그리 가벼운 이야기는 더더욱 아닐 것이다.

이제 하늘은 지나온 길을 아쉽게 할 만큼 청명하게 개었다. 올려다보니 파우스트의 성채는 신비스러운 의식을 마치고 본색을 드러냈다. 그것은 왕관이 아니라 큰 이빨로 산머리를 입에 물고 있는 갈퀴가 나 있는 커다란 덫 같았다. 안개가 자욱했던 새벽은 파우스트의 짧은 영광과 다를 바 없었다. 그는 새벽의 신성한 제단에서 헬레나를 만나 오이포리온을 낳았지만 날개 없이 떨어져 죽은 제 자식에 깊은 탄식을 내쉰다. 그로부터 파우스트는 종일 태양이 빛나는 바닷가의 땅에서 새벽의 신비스러운 욕망을 거부한다.

미트로폴리스의 쌍두
독수리 문장, 이 문장
은 전제군주였던 비잔
틴 황제를 상징한다.
독수리는 정교회를 상징
하는 문양으로 사용되
고 있다. 바로 이 문장
이 자리에서 황제의 대
관식이 이루어졌다.

미트로폴리스, 미스트
라스에서 가장 오래된
교회로 비잔틴의 마지
막 황제가 대관식을 거
행한 유서 깊은 곳이다.
현재 교회와 미술관으
로 활용하고 있다.

미트로폴리스의 측랑에서 본 풍경, 저 멀리 히
이 있는 곳이 현대 스파르타이다. 미스트라스
대 스파르타의 흔적을 가져와 건설되었고 현대
르타는 근대에 다시 미스트라스의 오래된 석자
져다 건설되었다. 두 도시는 서로를 파괴하고
진 도시이다.

쌍두독수리 깃발, 이 황금의 깃발은 과거에는
를 상징했으나 현재는 정교회를 대표한다. 이
은 아테네를 연고로 하는 AEK아테네 축구팀으
이기도 해서 아테네 거리의 각종 상점에서도
구할 수 있다. 이 클럽은 그리스를 대표하는 명
럽으로 소아시아에서 본토로 이주했던 그리스
이 중심이 되어 만든 클럽이다. 이 클럽은 잃어
도시 콘스탄티노플을 상징하던 쌍두 독수리를
으로 택했다.

오후가 되면 안개가 물러가고 미스트라스에는
바람이 불어온다. 다시 파우스트의 성채로 올
시간이다.

미스트라스 이야기는 고대의 태양에서 시작해 울창해진 늦은 오후에 들어선 숲의 시간이다. 그것은 좀 더 근원적인 것에서 시작해 보다 견고해진 충만함과도 같다. 여기 이 미스트라스의 언덕에는 그리스인들이 지켜야 할 가치 있는 것들이 있었다. 그것은 그저 목숨을 담보로 한 나프폴리온의 절박한 성채와는 다른 무엇이었다. 신념, 믿음, 자부심, 희생 같은 위대한 장소가 되기에 충분한 이야기들이다. 영혼을 채울만한 것을 담아낸 예술만큼 충만한 풍경이 어디 있겠는가.

젖은 외투를 벗고 카메라의 물기도 닦아내었다. 이제 지나온 길을 다시 돌아볼 시간이다.

카스트로의 성채

어퍼타운의 건물터

아기아 소피아의 벽화

모넴바시아로 향하는 길

모넴바시아

판타나사 수도원

페리블레프토스 수도원

미트로폴리스의 석관

판타나사 수도원

로우타운 입구의 공식 기념품점, 다양한 도서와 판화 등을 다룬다.

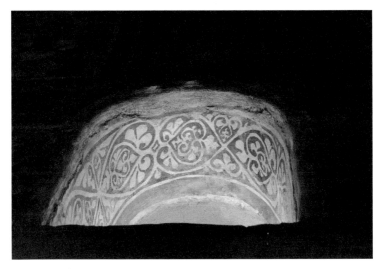

미트로폴리스의 창

미트로폴리스의 프레스코화

다이몬(Daimōn)의 소리

트리폴리

It's all Greek to me!

나로서는 무슨 말인지 도저히 모르겠다!

트리폴리는 오랜 여행 내내 수없이 거쳐 갔던 도시이다. 펠로폰네소스 어느 곳에서 출발하든 길이 교차하는 이 도시로 매번 돌아오곤 했다. 그리스의 대중교통은 수월하지 않다. 기차는 아주 한정된 지역만 가능하고 고속도로는 아테네, 테살로니키, 파트라 이 3대 도시를 연결하는 정도이다. 나머지는 모두 간선도로를 이용한 버스여행이 거의 유일한 방법이다. 버스는 아주 작은 마을까지도 빠짐없이 이어져 있지만 대부분 정류장을 수십 군데나 거쳐 종일 버스만 타는 날도 있었다.

트리폴리에서 반도의 남동쪽으로 가는 버스 정류장, 트리폴리에는 통합터미널이 있지만 스파르타, 모넴바시아 등의 남동쪽 방면은 트리폴리 역 앞에 따로 정류장이 있다. 도시 대부분은 이렇게 여러 개의 시외버스 정류장을 가지고 있다. 아테네의 경우도 두 개의 통합 터미널 외에도 근교로 나가는 여러 개의 정류장이 따로 있으니 반드시 확인해야 한다.

올림피아로 가기 위해서 온전히 하루를 준비해야 했다. 트리폴리 터미널에 도착한 시간은 오전 11시가 조금 지나서였다. 시간표를 보고 오후 시간의 올림피아 행을 말하자 창구의 남자가 손을 뒤집으며 말한다.

"오늘 더 이상 차편이 없습니다."

잠깐 머뭇거리자 그는 이어 말했다

"오늘이 메이데이인 것을 모르나요? 오늘 버스는 11시를 마지막으로 올림피아에서 돌아오지 않아요."

어느 순간 요일과 날짜를 세고 있지 않았다. 그저 지나온 날과 남은 날짜를 기억하고 있었다. 유럽에서 메이데이라면 그럴만한 상황이었다. 하지만 이 특색 없는 도시에서 하룻밤을 보낼 생각을 하자 괜한 미련이 생겨 다시 물었다.

"정말 올림피아로 갈 수 있는 다른 방법이 없나요?"

"… 없어요."

남자는 그러고는 내 얼굴을 빤히 처다봤다.

왜 그랬는지 모르지만 한숨을 내쉬었다. 그냥 하룻밤 묵으면 될 일이었다.

창구의 남자가 휴대전화를 들고 무언가를 찾더니 태연한 표정으로 이상한 말을 한다. 버스를 세워줄 테니 택시를 타고 가라는 것이었다.

"네? 버스를 세운다고요? 그게 가능해요?"

시간은 벌써 11시 15분이었다. 이미 15분 전에 출발한 버스를 세워주겠다는 말이었다.

"타려면 서둘러 가야 해요."

그리고는 창구 근처에서 턱을 만지작거리던 남자를 불러 그리스어로 빠르게 말을 한다. 남자는 손짓으로 저 사람을 따라가라고 일러준다. 갑자기 뭐 다른 꿍꿍이가 있는 것이 아닌지 의심이 들었지만 얼른 가라며 연신 손짓을 하는 남자의 태도에 더 생각할 겨를도 없었다. 밖으로 나간 남자는 터미널 앞에 세워둔 자신의 택시 트렁크를 열었다. 택시는 트리폴리 시내를 빠르게 가로질러 갔다. 그리스에 와서 처음 타는 택시였는데 기사는 영어를 하지 못했다. 아무것도 물어볼 수 없었다. 이런 경우가 종종 있는지, 솔직히 이래도 되는 건지, 혼자 유난을 떨어 괜스레 다른 승객들한테 눈총을 받지는 않을는지 별의별 생각이 다 들었다. 평범한 주택가를 몇 번 돌아나가더니 한적한 도로로 나섰다. 10여 분이 지나자 버스 한 대가 길가에 우두커니 서 있었다.

중년의 차장이 버스 아래 트렁크를 열어두고 나를 빤히 보고 있다. 미안한 마음에 고맙다는 말을 몇 번이나 하고 배낭을 구석으로 밀어 넣었다. 그때 떠나버린 버스를 잡아타는 뻔뻔한 남자를 보는 승객들의 표정을 보았어야 했다. 여행자로 보이는 몇은 수군대고 그리스인들은 무심하게 본다. 통로를 지나는 동안 그리 무안했던 적이 없었다. 버스는 아무 일 없었다는 듯이 곧 출발했다. 차장은 내게 오더니 승차권을 샀느냐고 묻더니 차비만 받고 돌아섰다. 이 상황에 대해 아무 말도 없었다. 나는 기사와 차장이 승객들에게 어떻게 말하고 버스를 세웠을지 지금도 궁금하다. 아무도 그것을 묻지도 탓하지도 않았다.

사실 이 상황이 더 무안했던 것은 아침에 트리폴리로 향하던 버스에서의 유쾌하지 않은 기억 때문이었다. 곧 출발하려는 버스를 타고 승차권에 표시되어 있는 좌석에 앉아 있던 내게 늙은 부부가 오더니 그리스어로 다짜고짜 쏘아붙이기 시작했다. 비교적 눈치가 빠른 나는 곧 그들이 자기 자리라고 말한다는 것을 알았다. 하지만 그 좌석에는 그들이 놓아둔 짐도 없었다. 천천히 여기는 내 자리라고 말하며 티켓을 보여주었다. 그러자 노인은 더 화를 내기 시작했다. 아주 난감했다. 차가 출발하려 하자 차장이 끼어들어서는 사정을 듣지도 않고 나를 가장 뒷자리로 거의 몰아서 보냈다. 나는 씩씩거리며 옆에 앉은 청년이 흥얼거리는 그리스 전통 민요를 두어 시간 내내 들으며 왔다. 이 녀석은 나이도 어린데 이런 노래를 듣다니, 괜스레 즐거운 표정의 녀석을 흘겨봤다. 트리폴리에 도착할 때까지 좀처럼 화가 가라앉지 않았다.

프로마토마기아 화환, 노동절로 불리는 5월 1일은 그리스의 공휴일이다. 이날은 관공서를 비롯한 상점 대부분이 문을 닫지만 관광지의 경우는 크게 불편함이 없다. 단, 시외버스 등의 대중교통은 단축운행을 한다. 이날이 되면 봄에 만개하는 야생화와 마늘 등으로 화환을 만들어 문뿐 아니라 자동차, 뱃머리 등에도 달아놓는다.

생각해보면 그 버스 안에서도 그리스인들은 무심했다. 노인이 소리를 고래고래 지르는 동안에도 시끌벅적하게 제 이야기만 하고 있었다. 아침에는 규칙 따위는 안중에 없는 불합리성에 투덜댔지만 오후에는 뻔뻔하게 버스에 올라탔으니 어색한 표정이 쉽게 펴지지 않는다. 나는 그리도 싫어하는 염치없는 사람이 되어버렸다.

며칠 후 올림피아를 떠날 때 역에서 한 여행자가 다가왔다. 그녀는 넓은 어깨에 나보다 큰 키를 하고 있었는데 성큼 다가와 말을 붙였다.

"너, 엊그제 버스 잡아 세우고 타던 그 사람 맞지?"

분명 장난으로 놀리는 말투였는데 참으로 민망했다. 그 스위스 출신 여행자도 재미있었다고 말을 이었지만 쉽게 이해가 안 가는 것은 마찬가지였던 모양이다. 내가 살던 곳의 기준으로 이방인이 무언가를 평했다는 것, 그것이 얼마나 경솔한 일인지 지금도 부끄럽다.

그리스인에게는 절충주의라는 지배적인 본성이 있는 것은 분명하다. 그리스의 문화는 지극히 현실적인 동시에 이상적이고 사회는 옛것과 새것이 섞여 있고 자유인인 동시에 정교회의 충실한 신앙자 역할을 한다. 그들의 이름은 신화 속 주인공이기도 하며 성자의 이름이기도 한 다신교와 일신교의 전통이 혼재되어 있다. 또한 그들의 영웅은 용기 있는 자인 동시에 비열한 방법을 쓰는 영악함을 동시에 가지고 있다. 그리스인의 말은 상당히 논리적이면서도 태도는 모순적이다. 이런 모습은 준법성을 이야기할 때 반복되는 그리스인의 태도와 연관된다.

작은 테이블 하나에 하루를 보내는 노인들, 이 얼굴에 그리스인의 두 가지 표정이 있다.

그리스에서 버스를 타기 위해 줄을 서는 것과 좌석표를 가진 것은 큰 의미가 없을 수도 있다. 젊은이들과 대도시에서는 큰 갈등이 없지만 지방으로 갈수록 이런 '적당히 무질서'한 면을 좀 더 자주 만난다. '모호하다'라는 말이 가장 적당한 설명 같다.

그런데 그런 생각 자체가 내 방식으로 이들을 평가하려는 성급함이었다. 남이 하면 불합리지만 내가 하면 융통성이라는 이중적인 태도보다는 훨씬 솔직하다. 남이 해도 그럴 수 있고 그러니 내가 해도 남들이 납득하는 것이다. 나와 남의 기준이 다른 인간의 이기심과는 다르다. 훨씬 더 솔직한 태도이며 단순히 규칙이 아니라 도덕성으로 따진다면 누가 더 낫다고 할 수 있겠는가? 설령 규칙위반은 지적받

그리스인은 그리스어의 혀를 굴리는 듯한 독특한 발음 덕에 무척 소란스러운 듯하지만 혼자 있는 시간 묵묵히 사색하는 사람들의 모습을 보기 어렵지 않다. 그저 하릴없어서가 아니라 온전히 자신의 세계에 빠진 사람은 표정만으로도 충분히 알 수 있다. 자신의 세계를 중요시 여기는 태도 덕분인지 호기심에 비해 아무에게나 말을 쉽게 걸지 않는다. 물어오면 적극적으로 답해주지만 웬만해서는 호기심에 기웃거리지도 않는다. 그래서 그리스 여행은 얼마든지 자신만의 시간을 보낼 수 있는 여지가 있다.

더라도 도덕성은 비난받지 않을 것이다. 그리고 보면 그리스인들의 태도는 좀 더 본성에 가깝지만 그 기준에서는 논리적으로 엄정성이 있다. 규칙은 사람들이 만드는 것이니 얼마든지 고쳐 사용하면 그만 이지만 본성은 그리 안 되는 것이니 무엇에 더 충실할지는 논리적으로도 분명하다.

이런 명쾌한 사고방식으로 세상을 대하는 것이 도대체 가능할까? 도리어 자신에게 그걸 묻고 싶다. 규칙을 잘 지키는 모범생, 모범시

민이었지만 도덕적으로 비난받을 일은 어떠했는가? 좀 더 본성에 충실한다면 내면의 목소리 - 다이몬(daimōn)의 소리에 귀 기울여야 했다. 아! 다이몬의 소리, 바로 이것이다.

오래전 고대철학 강의에서 노교수가 강조하던 그리스인의 다이몬의 의미가 이것이 분명했다. 모든 일을 일으키는 진정한 원인에 충실한 삶, 그들이 뻔뻔함에 고개 숙였던 나를 탓하지 않은 이유였다.

이 다이몬이라는 단어를 강의실 이후 다시 들었던 것은 군대에서였다. 당직사관을 하는 날 병사들의 간식거리를 챙겨오던 보급병이 빵 봉지를 만지작거리며 내게 물었다.

"소대장님, 이 빵을 만든 회사가 다이몬이랍니다. 무슨 회사이름을 다이몬이라고 지었답니까?"

건네준 빵 하나를 받아 들고 작은 글자 속에서 다이몬이라는 글자를 확인했다.

"음, 그러네. 그런데 다이몬이 어때서?"

"네? 다이몬이 데몬이 아닙니까? 데몬은 악마라는 뜻이잖습니까?"

순간 나는 이 보급병의 이름 위에 새긴 군종병사라는 글자가 눈에 들어왔다.

"교회에서는 데몬을 부정적으로 말하지?"

"네, 악마를 데몬이라고 부르죠."

"음… 원래 다이몬은 기독교가 태어나기 이전부터 그리스에서 사용되던 신과 비슷한 개념의 단어였어. 그런데 그 의미가 원래 악마

같은 부정적 뉘앙스가 아니라 쉽게 말하자면 우리 내면의 목소리 같은 뜻이었어. 그런데 이것이 나중에 의미가 좀 부정적으로 변했지."

보급병은 빵을 입에 넣고 오물거리며 내 얼굴을 빤히 보고 있었다. 말을 꺼냈으니 마저 다 설명해줘야 할 것 같았다.

"잘 들어봐. 원래 교회에서는 우리 인간의 욕망을 죄악시하잖아. 그러니 인간 내면의 본래 목소리를 부정적인 욕망이라고 본 거야. 다이몬은 다신교 사회에서 기독교사회로 건너오면서 이교도 신앙의 개념으로 터부시 되는 경향도 있었을 거고 그러니 부정의 소리, 악마의 속삭임 이런 식으로 뜻이 바뀐 거지. 하지만 인간의 본래 목소리가 어디 나쁜 소리만 있겠어? 선한 목소리도 있으니 좋은 의미로 붙인 이름이겠지."

보급병은 빵을 먹다 말고 약간 눈이 커지며 내 책상 앞으로 한발 다가왔다.

"소대장님은 어떻게 그걸 아세요?"

그러자 옆에서 힐끔거리며 칠판을 지우던 소대의 전령이 한마디 했다.

"김 상병님, 우리 소대장님 철학과 나오셨잖아요!"

김 상병은 순간 아! 하는 표정을 지으며 씩 웃으며 다시 입을 오물거렸다. 그 웃음에 사실 좀 멋쩍었다. 중대원들은 깐깐하기 이를 데 없는 김중위가 철학을 전공했다는 이야기를 들으면 꼭 저런 표정을 지었다. 그럴만하다는 것인지, 의외라는 표정인지 당사자인 나는 짐작하기 어려웠다. 이 대화는 곧 저녁점호 이전에 다이몬의 빵과 함께 중대원들에게 전해졌다.

십수 년 전 멋쩍게도 그 부대에서 나는 '다이몬의 의미'를 아는 철학 공부한 사람으로 알려졌다. 하지만 정작 그리스에서 다이몬의 의미를 몰라 이렇게 부끄러워하고 있다. 다이몬은 이제 교회의 악마가 되었지만 그리스인들에게는 그 원형이 남아 있었다. 그리스인들에게 현재를 지배하는 것은 정교회 신앙이지만 여전히 그들의 내면과 관습에는 오랜 다신교적 신앙의 흔적을 찾을 수 있다. 이런 이중성이야 말로 그리스인의 모호함을 설명하는 유일한 이유가 될지도 모른다.

나는 그리스인들이 오래전 관습을 유지하고 있다는 점에 매번 감탄하면서도 내 발걸음은 편리하기를 바라는 모순된 태도로 그들을 대했다. 줄을 서지 않고 제멋대로 자리를 차지하는 것보다 더 무거운 비난을 받아야 할 사람은 나였다. 다이몬의 소리도 못 듣는 껍데기 같은 인생을 살았던 죄였다.

이렇게 스스로 위안을 하는 동안 버스는 높고 위험한 도로를 따라 달렸다. 버스는 펠레폰네소스 중앙의 험준한 산을 횡단하며 돌고 돌아 깊숙이 자리한 마을마다 사람을 내려주고 되돌아 나간다. 그리스인들은 여전히 도시 인구 못지않게 전통적인 산업에 종사하며 작은 마을에 흩어져 사는 인구가 절대적이다. 그래서 시간은 걸리더라도 모든 마을에 버스는 다 연결되고 출발 시각이 좀 지났다 해서 막차가 매몰차게 떠나지도 않을뿐더러 떠난 막차도 여차하면 세워서 탈 수 있다. 그들의 짐을 올리고 내리는 일은 차장의 몫이기도 하다. 이들은 무심한 듯하면서도 승객 대부분의 행선지를 기억해 매번 정확히 그곳에 내려주었다. 작게 흩어진 그리스인들을 버스가 촘촘하게 이어주는 역할을 생각하지 않을 수 없다.

버스는 몇 번의 아슬아슬한 교차로를 꺾어 두 시간여를 달렸다. 졸음이 싹 달아날 정도의 고갯길에 어느새 무안함은 사라지고 창에 얼굴을 바짝 붙이고 있다. 승객 대부분인 여행자들은 손잡이를 꼭 쥐고 마치 벼랑 끝을 향해 달리는 얼굴이다.

생각해보면 나는 그리스에 대해 꽤 많은 것을 알고 있었다. 그리스 철학을 제대로 배운 적도 있고 덩달아 고전 미학 책도 열심히 읽은 기억도 있다. 또한 지중해 출신 작가들의 글에 빠져 지냈던 적도 있고 미술사를 공부하면서부터는 고대 유적과 미술도 알아볼 수 있었다. 무엇보다 여러 차례 여행의 값진 경험도 있었다.

하지만 내가 그리스를 좀 더 알게 된 순간에는 매번 부끄러웠다. 이미 많은 것을 알고 있었지만 정작 그 자리에서 알아보지도 못했다. 그저 지적 욕심에 가득 부풀린 자루를 끌고 다니느라 어디다 써먹어야 할지를 몰랐다.

다이몬의 소리를 왜 몰랐겠는가. 머리로만 알았지 가슴에서 나오는 소리를 들어본 적이 없었으니 나는 내면의 소리를 듣지 못하는 귀머거리였다. 버스는 점점 더 깊은 마을을 향했다. 뒤늦게 알게 된 염치없음에, 아니면 아슬아슬한 벼랑길 때문인지 식은땀이 난다.

올림피아행 버스, 트리폴리에서 올림피아로 가는 길은 높은 고개를 이은 도로를 따라가는데
기사의 운전 실력에 감탄을 하게 된다. 경유지인 산간 마을에 들어가서 벼랑 위 외길을 후진
해서 나오는 등 승객들은 긴장감에 눈을 뗄 수가 없다. 이 버스의 차장은 사진 속의 푸른 셔
츠를 입은 중년의 남자였는데 내내 서서 사각지대를 알려주고 후진 시 유도를 하는 등 중요
한 역할을 하고 있다. 중요한 노선일수록 경험 많은 차장이 승차하고 수월한 구간일수록 어
린 차장이 승차하며 운행을 돕고 있다.

그리스인의 얼굴, 그들에게는 아직 다이몬의 흔적이 남아 있다.

프로마토마기아 화환

III
디오니소스에게
예술 탄생을 구하다

Olympia

Delphi

Metéora

인간의 대결,
올림피아

올림피아 제전의 영웅이 되기 위해서는 세 가지 방법이 필요하다.

첫째, 진실을 위한 진리(眞)를 탐구할 것

둘째, 선(善)한 방법으로 경쟁에 임할 것

셋째, 이를 표현할 수 있는 아름다운 육체(美)를 가질 것

오늘날에는 육체, 단 한 가지만 주목받는다.

그것은 껍데기다.

한동안 흐렸던 날씨는 올림피아에 도착하자 맑게 개었다. 다시 태양이 빛나고 그늘에서는 안도감이 몰려왔다. 마치 미스트라스의 깊은 시간에서 깨어난 아침처럼 올림피아는 상쾌했다. 사람들은 활기찼고 도시의 풍경은 지극히 건강했다. 신전은 쓰러져 있지만 흙먼지 대신 숲으로 우거졌고 태양은 빛났지만 정오의 용기는 굳이 필요하지 않았다. 이 도시는 헐벗은 풍경의 강한 생명력과 울창한 숲의 충만함을 고루 갖추고 있었다. 모든 그리스인이 모이는 성소에 어울리는 풍요로운 땅이 분명했다. 태양과 강, 숲이 모두 다 있으니 태양이 강한 도시에서 온 그리스인들도, 울창한 숲 속에서 온 그리스인들도 모두 맞을 만한 곳이다.

때가 되면 올리브 관을 한 올림피아의 전령들이 지중해 곳곳에 세워진 도시로 제전을 알리러 갔다. 전령들은 도시에 도착하면 올림픽을 위한 히에로미니아(휴전)를 선언했다. 제전을 위해 휴전을 하는 것은 엄정한 불문율이었다.

성소는 범그리스적 소속감을 확인하는 장소이고 제전은 도시 간의 유익한 경쟁이었다. 올림피아에서 도시는 4년마다 자신들의 위상을 과시했고 재물을 성소에 바쳤다. 또 승리를 위해 치열하게 경쟁했고 그 결과에 환희와 탄식이 이어졌다. 단순한 승리가 아니었다. 올림픽은 올림퍼스 신이 주관하는 제전이었다. 완전한 인간과 위대한 도시로 인정받는 종교적 환희이자 성취였다. 신은 신을 꿈꾸는 인간의 욕망을 해소하기 위해 제전을 열었다.

올림피아의 고대 스타디움, 낮은 잔디밭과 높은 나무에 둘러싸인 고대 경기장이다. 이곳에서 육상 경기가 이루어졌고 입구에는 기원전 3세기경의 아치가 세워져 있다.

팔라에스트라, 이곳은 레슬링, 권투, 멀리뛰기 등의 선수들의 연습장이었던 곳으로 전해진다. 제전에 출전하는 선수들은 한 달 전부터 올림피아에서 연습을 해서 그 기량 여부를 판단해 출전이 결정되었다.

여기에 참석하는 선수들은 위대한 정신을 건강한 육체로 귀결시키고자 하는 목표의식을 갖고 있었다. 정신은 신적 이상이며 육체는 인간의 이상으로 이 둘을 연결하여 신의 이상이 인간에게서 드러나는 것이다. 그리스에서 신과 인간의 관계는 '신인동형론'으로 정리된다. 신은 인간의 모습으로 제 자신을 드러낸다. 신이 모습을 드러낸 인간은 위대한 정신을 가진 건강한 육체로 빚어진다.

운동은 바로 정신적 이상을 구현하는 육체를 만드는 데 목적이 있다. 분명한 것은 단순한 육체적 아름다움이 아니라 절제감과 침착함, 균형감이라는 정신을 온전히 갖춘 신체를 가지는 것이다.

올림피아의 제우스 신전에서 나온 거대한 부조를 보면 신과 자유인은 건강한 육체를 가진데다 표정에는 고통도 두려움도 없다. 반대로 노예나 괴물은 일그러진 몸뿐 아니라 참을 수 없는 분노와 고통에 흉측한 얼굴로 묘사되고 있다. 이 부조들에서 주목할 점은 바로 위대한 인간정신을 알아보는 것이다. 한데 뒤섞여 있는 군상들을 보면 구별도 어렵고 쉽게 그 메시지를 찾기가 어렵다. 하지만 그들의 표정을 보면 제전을 통해 도달하고자 했던 절제된 이상과 분노의 야만을 확연히 구별할 수 있다.

오래전부터 그리스인들은 영웅의 기지와 용기, 신체적 우월성을 흠모해왔다. 그들의 이상은 아카데미아에서 논쟁하는 학자보다 괴물과 맞서는 건강한 오디세우스에 가깝다. 그리스인들에게 운동은 여전히 주된 관심사이다. 그들은 월등히 활동적이고 모험심이 강하다.

올림피아박물관 소장 제우스 신전의 페디먼트 서측 부조. 이 부조는 신전의 삼각형 박공벽(페디먼트)에 장식되어 있던 것으로 라피테스족과 컨타우로스들의 전쟁을 묘사하고 있다. 중앙에 보이는 말의 몸을 한 괴물이 켄타우로스이며 옆의 얼굴만 남은 인물이 아테네의 영웅 테세우스이다. 그 옆에 아폴론이 굳건하게 서 있다. 켄타우로스의 뒤틀린 몸, 일그러진 표정과 결연한 표정의 태세우스, 굳건한 아폴론의 표정이 비교된다.

단순한 게임의 승패를 떠나 운동에서 얻는 환희와 종교적 축전 성격이 여전히 남아 있다. 이런 전통은 서방 교회가 육체에 대한 죄의식을 드러내 그것을 감추는 데 반해 정교회 신앙은 육체에 대한 긍정과 자부심을 보이는 뚜렷한 차이에서도 확인할 수 있다. 이는 동방 정교회에 영향을 준 그리스 다신교의 오랜 전통임을 부정할 수 없다.

아테네의 근대올림픽 스타디움, 아테네에 있는 이 스타디움은 원래 판아테나이아 축전에 사용되던 경기장이었다. 근대 올림픽 이전에는 폐허로 남아 있던 것을 1896년 근대 올림픽에 개최에 맞춰 개보수했다. 이때 이집트 알렉산드리아의 그리스인 아베로프가 전 비용을 부담했다고 한다.

　상금은 없고 오직 올리브관만 수여하는 순수한 제전으로 시작했지만 고대 그리스 사회가 팽창함에 따라 올림픽도 도시 간의 정치적인 이익이 고려되기 시작했다. 무엇보다 도시의 발달과 식민도시의 제전 참여는 경쟁을 부추겼다. 특히 식민도시들은 도시의 정통성과 위상을 이 제전을 통해 얻고자 했다. 보다 많은 봉헌물과 우수한 선수를 내어 경쟁에 임했고 기록에는 식민도시 출신의 선수가 무수한 승리를 가져갔음을 알려주고 있다.

제우스 신전, 기원전 5세기경의 건축물로 보는 이 신전은 현재 세워져 있는 기둥이 없을 정도로 완전히 무너져 있다. 하지만 무너진 기둥의 둘레를 보면 신전의 규모가 어떠했는지 짐작할 수 있다. 이 신전 안에는 규모에 걸맞은 거대한 제우스 상이 있었다고 전해지며 양쪽 지붕 아래 페디먼트가 올림피아 박물관에 전시되어 있다.

올림피아박물관의 청동투구, 다양한 청동투구는 참가한 선수들과 성소를 방문한 순례자들이 제우스에게 바치는 봉헌물이었다.

헤라 신전, 이 신전은 스타디움과 제우스 신전 사이에 위치하고 있다. 신전은 기원전 7세기경 세워진 것으로 제우스 신전보다 시기가 앞서는 그리스에서 가장 오래된 신전 중 하나로 보고 있다. 현재 올림픽의 성화가 채화되는 장소이다.

오직 순수한 이상과 명예로 임했다는 올림픽 정신은 시간이 갈수록 변질되었을 것이다. 신께 받을 신탁을 좀 더 풍요롭게 하는 의도를 가지고 제전에 참여한 도시들은 전쟁이 멈춘 상황에서 게임에서 승리하는 것이 지상목표였을 것이다. 제전 승리와 봉헌 이 두 가지 경쟁에서 승리해야 시민은 환호할 것이고 신관들은 보다 유리한 신탁을 들려줬을 것이다. 그 과정에서 부정한 방법과 속임수도 등장했을 것이며 승리를 위해 담합과 은밀한 거래도 이루어졌을 것이다.

펠로폰네소스의 주인, 펠롭스의 이야기는 이런 관점에서 아주 흥미롭다. 펠롭스는 지금의 소아시아에서 이주한 인물로 보이는데 새로운 땅을 찾으러 그리스로 왔다가 피사의 왕 오이노마오스의 딸 히포다메이아에게 청혼한다. 하지만 오이노마오스는 자신의 딸과 결혼하는 자에게 죽을 것이라는 신탁을 받았기 때문에 청혼을 한 자들을 모조리 전차경기를 통해 죽여버렸다. 그는 아레스로부터 받은 말이 있었기 때문에 펠롭스가 이길 방법이 없었다. 이때 히포다메이아가 펠롭스와 사랑에 빠지면서 마부 뮈르틸로스에게 경기에 나설 마차의 핀을 뽑고 밀랍으로 된 핀을 꽂아놓도록 설득했다. 펠롭스는 그 대가로 이 마부에게 왕국의 절반을 주기로 약속했다. 하지만 경기에 이겨 결혼하게 된 펠롭스는 약속과 달리 뮈르틸로스를 죽여버린다. 헤르메스의 아들이었던 뮈르틸로스의 죽음은 펠롭스에게 저주를 내리는 계기가 된다. 이 펠롭스의 아들이 미케네의 아트레우스이며 또 그 아들이 아가멤논이다. 트로이 전쟁과 관련된 아트레우스 가문의 저주와 비극은 펠롭스가 부정하게 이긴 전차경기에서 시작된 것이다. 동시

올림피아박물관의 제우스 신전 동측 페디먼트 부조. 이 부조는 펠롭스의 이야기를 묘사한 것으로 정면에서 볼 때 가운데 제우스 신의 우측에 위치한 인물이 펠롭스이고 그 옆의 여인이 히포다메이아이다. 반대편에는 오이노마오스가 있으며 말 앞에 무릎 꿇은 인물이 뮈르틸로스이다.

에 펠롭스의 전차경기에서 올림피아 제전이 시작되었다고도 전해진다.

이 교활하면서도 승리에 대한 집요함을 가진 펠롭스의 이야기에서 펠로폰네소스 인간의 역사가 시작되었고 성소의 제전도 시작됐다. 정신과 육체의 조화라는 위대한 이상을 목표로 한 올림픽 제전에서 펠롭스의 교활함은 치열했던 경쟁을 경계한 신의 엄정한 벌로 이해해야 한다. 펠롭스는 승리해서 자신의 왕국을 얻었지만 올림피아에서 받은 것은 비극적 신탁이었다. 그 후손들은 왕위를 위해 형제를 죽이고 서로의 아내를 탐했으며 결국 자식의 손에 죽는 비극적 결말을 맞이한다.

올림피아 박물관의 중앙 홀, 좌·우측에 제우스 신전의 페디먼트를 전시하고 있다. 이 조각은 그리스인의 신화적 세계관과 제전의 가치, 비극의 의미 등을 이해하는 중요한 작품이다.

펠롭스의 비극이 주는 메시지는 역설적으로 제전의 이상적 가치에 대한 긍정이다. 그리스 신화는 언제나 비극적 구조를 가진 다툼과 혼란스러운 전쟁 속에서 극적으로 이상을 드러내고 있다. 올림피아의 주신 제우스 신전의 지붕 아래 자리한 양편의 부조는 전쟁에서는 정신과 신체의 조화를 갖춘 '인간상'을, 펠롭스의 비극 속에서는 올림픽의 순수한 '의도성'을 강조하고 있다.

올림픽 제전이 시작되면 그리스 전역에서 사람들이 몰려들었을 것이다. 이 성소를 중심으로 사람과 문물이 만나고 이를 매개로 범그리스 문화권이 형성되었다. 현대에도 올림픽이 개최되면 도시에는 수많은 상징적인 기념물과 축제를 위한 시설물이 들어선다. 고대 올림피아에서도 봉헌물과 제전 참여와 승리를 축하하는 트로피와 기념물 제작이 활발했다. 여기에 그리스 전역의 장인들이 모여들고 그들 사이에 일종의 제작방법과 같은 기술적 공유와 더불어 그리스적인 가치를 내재화하는 중요한 기회가 열린다. 수준 높은 봉헌물을 참고하여 공통의 신화와 영웅이야기가 기념물에 새겨지고 이를 가지고 고향에 돌아간 참여자들에 의해 다시 그리스적 가치가 확산된다.

올림피아의 거리에는 그때 그 기념물을 파는 전통을 간직한 상점이 여전히 있는데 갤러리 수준으로 꾸며진 곳도 적지 않다. 전문적인 분야를 다루는 갤러리와 몇 개의 공방도 있어 오래전 제전을 통해 확산된 그리스 미술의 현장을 짐작해볼 수 있다.

위대한 진리와 정신을 담은 건강한 육체가 경쟁하고, 그 과정에서 아름다운 미술이 탄생하는 제전의 의미는 진(眞)-선(善)-미(美)의 인문학적 가치의 구현이었다. 예술의 시작이 바로 이런 과정과 다를 바 아니다. 예술은 육체적 아름다움만, 화려한 표현으로만 만들어지는 것이 아니다.

인간은 신의 이상과 괴물의 욕망 사이에서 이상을 따르려고 한다. 이상은 신의 절제된 표정에서, 욕망은 뒤틀린 육체로 상징된다. 진리와 선한 방법은 사라지고 육체의 아름다움만 강조하는 오늘을 사는 내 눈에는 켄탄우로스의 육체가 더 의미심장하다. 주위를 둘러보면 일그러진 얼굴에 부풀린 몸을 가진 기이한 군상들이 넘쳐난다.

부풀어 오른 몸에 대한 집착과 부정한 경쟁이 부를 신탁은 무엇일까. 그 비극은 더 이상 고매한 도덕성과 고요한 깨달음을 줄 인간을 만나기 어려운 것이 아닐까. 그렇다면 이미 비극은 시작되었다. 점점 더 아름다운 사람을 만나기도, 그들이 만드는 예술을 접하기도 어려워진다.

올림피아 신전서 나온 부조, 건강한 육체는 신과 인간, 괴물도 마찬가지이다. 단지 얼굴에 드러난 절제력, 인내심 등의 표정에서 구별할 수 있을 뿐이다. 뒤틀린 욕망을 가진 현대인들은 인간의 얼굴과도 멀어져간다.

올림피아 거리에는 전문 서점이 있는데 그리스와 관련한 각종 도서, 음반, 사진, 도판 등을 종류별로 잘 갖춰놓고 있다. 그리스는 도시별로 고대 유적지 해설과 지도, 도판 등이 잘 구성된 책자를 파는데 미처 구하지 못한 책자들을 여기서 구하기 좋다.

올림피아는 아테네 다음으로 정비가 잘된 유적지이다. 2004년 올림픽 개최 전후로 많은 정비를 해 거리는 수준 높은 복제품과 골동품 상점, 식당이 즐비하다. 고대 제전이 개최되는 시기부터 올림피아는 수많은 상인이 각종 기념물을 제작해 활발하게 거래가 이루어지던 곳이었다. 기념품 상점의 문구가 인상적이다. '여기서부터 당신의 수집을 시작하자.'

올림피아 소개 책자

올림피아 거리

제우스 신전에 바친 봉헌물

헤르메스와 어린 디오니소스

제우스 신전의 라피테스족과 켄타우로스들의 전쟁

제우스 신전의
펠롭스와 히포다메이아

고대 스타디움의 아치　　　　　　올림피아 유적지의 초석

마케도니아의 필리포스2세가 세운 필리페이아

올림피아 전문서점의 도서

바람의 소리, 바람의 신탁神託

델피

"Carpe diem, quam minimum credula postero."

- Quintus Horatius Flaccus

"현재를 즐겨라, 가급적 내일이란 말은 최소한만 믿어라."

저기 저 난간 너머에 부는 바람을

어떻게 잡을 수 있겠는가?

아폴론의 도시, 델피를 찾을 때는 언제나 두통이 있었다. 펠로폰네소스를 건너에 두고 코린트만을 따라가던 버스는 이테아 항을 뒤로 두고 힘겹게 산을 오르기 시작했다. 길은 구불구불하게 연이어져 있다. 또 하나의 고대 성소 델피로 향하는 길 마지막에는 짙은 파르나소스 산이 있었다.

델피는 파르나소스 산을 움푹 파서 길게 뱃길을 터고 태양이 비치는 바위 위에 빛의 신 아폴론을 위한 제단을 세워놓았다. 높은 비탈에는 검붉은 석회암반이 거칠게 드러나 있고 낮은 비탈에는 전나무들이 촘촘하다. 그 아래 움푹 파진 땅에는 올리브 나무가 공간을 가득 메우고 있다. 파르나소스 산은 제우스가 대홍수의 재앙을 내렸을 때 유일하게 살아남은 데우칼리온과 그의 아내 피라가 방주를 타고 처음 발견한 땅이었다. 성소 앞으로 깊고 길게 파여 있는 골짜기는 마치 커다란 방주가 떠내려간 뱃길 같다.

오르막길로 이어진 마을 입구에 내리자 스산한 바람에 한기를 느낄 정도이다. 온종일 버스를 탄 피로감에 정류장에서 어슬렁거리던 호텔 주인의 호객에 두말하지 않고 따라나선다.

저녁도 잊은 채 잠들었지만 지붕 틈 사이를 파고드는 바람 소리에 결국 일어나 앉았다. 오래된 창틀은 마치 진동하듯 바람에 들썩였다. 곧 그 진동에 공명하듯 두통도 오기 시작했다. 바람이 울어댄다. 파르나소스 산 깊은 골짜기를 헤집고 다니는 지독한 바람이 숨 가쁘게 몰려오고 사라지고를 반복한다. 시간이 갈수록 마치 주문처럼 웅얼거리는 소리가 들린다.

델피에서 본 이테아 항 방향, 저 멀리 보이는 바다가 코린트만이다. 아래에는 올리브 나무로 가득한 농장이 있고 그 옆으로 파르나소스 산자락이 이어져 있다. 대홍수에 유일하게 살아남아 파르나소스에 내린 데우칼리온은 아들 헬렌을 낳는데 그가 바로 그리스 민족의 기원이다. 그리스인들은 자신들을 헬렌의 후손이라고 부르며 그리스의 정식명칭도 'Hellas'이다. 헬레니즘이라는 용어는 여기서 나왔다.

델피의 여 사제 피티아는 파르나소스의 바위틈에서 신탁을 받아 중얼거렸다. 그러고 나면 남자 사제가 해석해 그 말을 사람들에게 옮겼다. 그 중얼거림은 바로 지독하게 울어대는 바람 소리였을 것이다. 신탁은 두려움에 빠진 인간에게만 들리는 목소리였다. 인간이 두려움을 가지면 초월적인 존재에 먼저 귀를 기울이기 시작한다. 바람에 한기를 느끼며 두통에 시달리기 시작하자 내게도 어떤 신탁이 내릴지 귀를 기울이게 된다.

사실 나는 신탁의 도움을 받은 적이 있었다. 글을 적다 보면 도저히 정리되지 않는 매듭을 종종 꿈속에서 풀어낼 때가 있다. 며칠을 고민하다 겨우 잠들었는데 일어나보면 메모지에 흘겨 쓴 내용이 있었다. 몇 번 이런 경험을 하자 내심 그 순간을 기다리게 되었다. 나는 그 순간을 '신탁'이 내렸다고 했다. 신탁은 일종의 상징이다. 그것은 논리로는 설명될 수 없는 직관에 의한 상상력의 결과물이다.

델피의 지붕. 밤이면 바람이 강하게 부는 이곳에서는 지붕을 돌로 고정시켜뒀다. 기와 사이로 파고드는 바람 소리는 처음 이곳에 온 사람들에게 두렵기까지 하다. 잠자리가 예민하다면 가급적 지붕 아래 방은 피하는 것이 좋겠다.

잡다하고 어려운 생각이라는 일반적인 편견과 달리 철학은 로고스의 학문이라는 분명한 기준이 있다. 로고스(logos)는 논리적 사고를 의미하는 것으로 철학이 그 학문적 방법을 논리력에 두고 있음을 강조하는 것이다. 하지만 철학의 발생지라고 하는 그리스에서도 로고스 이전에 뮈토스가 있었다. 뮈토스(mythos)는 로고스와 반대로 직관과 상상력을 통한 의미전달 방법이다. 초월적 존재에 의한 계시, 운명, 신탁 같은 비 이성적 방법과 체험을 통해 깨달음을 얻는 신화적 사고가 뮈토스라면 인간 이성과 논리력, 합리적 사고에 의해 답을 얻는 것이 로고스이다.

델피의 바람은 인간이성에 의한 사고 대신 밤새 두려움을 안겨주는 소리였다. 밤새 삐걱거리는 창문, 바람 소리, 한기와 두통에 다시 누워도 쉽게 잠이 들지 못했다. 요행수를 기다리듯이 신탁을 기다리던 기대감과는 달랐다.

창으로 빛이 들어왔다. 뜬눈으로 기다린 새벽이 온 것이다. 낯선 방이 이렇게 두려웠던 적이 없었다. 외투를 뒤집어쓰고 카메라와 수첩만 챙겨 도망치듯 숙소를 나섰다. 그 사이 바람의 도시는 어느새 환한 아폴론의 도시로 제 모습을 바꾸고 있었다. 바람은 잦아들었고 선선한 청량감이 느껴지는 아침 공기가 부었던 눈을 식혀주었다. 이른 아침에 상점들은 문을 열지 않았고 인적도 없었다. 간밤의 지독했던 바람은 환영 같았다. 하지만 두려움으로 가득 찼던 방을 얼른 빠져나온 것은 다행이었다. 파르나소스의 아침 공기를 가득 마셨고 깊게 내쉬었다. 그제야 안도감을 느꼈다.

이른 아침, 델피 고대 유적지로 가는 길, 골짜기 사이로 불던 지독한 바람은 사라지고 고지대의 맑은 공기가 가득했다.

차가운 물에 지끈거리는 얼굴을 담아보려고 성스러운 카스탈리아 샘을 향했다. 고대 유적지가 위로 세워진 곳을 지나자 샘이 흐르는 바위틈이 보였다. 그 위로는 검은 암반이 가파르게 서 있는데 중간중간 떨어져 나간 듯 붉은 상처가 보였다. 낙석을 경고하는 표지판 앞에 서자 나는 저 돌산이 바로 시시포스의 고단한 시간이 흐르는 그 바위산임을 알아봤다. 비극의 탄생과 함께 그리스를 찾게 했던 또 한 권의 책이 알베르 카뮈의 시시포스 신화였다.

"참으로 진지한 철학적 문제는 하나뿐이다. 그것은 바로 자살이다.

인생이 살 만한 가치가 있느냐 없느냐를 판단하는 것이야말로 철학의 근본문제에 답하는 것이다.” -『시시포스 신화』, 알베르 카뮈.

　이 도발적인 문장을 읽던 순간을 아직도 기억한다. 이후 부조리한 영웅 시시포스는 내게 진지한 철학적 문제를 상징하는 의인이 되었다. 시시포스는 신을 속이고 죽음을 피한 죄로, 또는 신의 치부를 드러낸 죄로 바위를 밀어 올리게 된다. 정상에 이르면 그 바위는 저 깊은 골짜기로 굴러떨어지고 다시 바위를 밀어 올려야 하는 잔인한 벌이었다. 하지만 시시포스가 받은 진짜 벌은 바위를 밀어 올리는 육체적 고통이 아니라 바위를 끝없이 밀어 올리는 반복된 일상을 벗어날 수 없는 것이다.

　여기서 중요한 것은 시시포스가 그 부조리함을 자각하는 의식을 가지고 있다는 점이다. 만약 그가 반복된 일상과 관성에 찌들어 문제의식이 없다면 그것은 고통이 아니다. 그저 시간이 지나 행복한 죽음을 맞이할 뿐이다. 하지만 그는 바위가 굴러떨어지는 순간 그 뒤를 따르며 이 부조리한 시간을 의식하고 있다. 이때 바위산을 내려가며 진지한 철학적 문제를 고민하는 시시포스를 두고 카뮈는 “그는 자신의 운명보다 우월하고 그의 바위보다 더 강하다.”라고 표현했다.

　삶이 부조리하다는 것은 자신의 고단한 시간을 그저 운명, 신탁과 계시로 이해할 수 없음을 의식하는 것이다. 즉 초월적인 존재에 의지해 세계를 이해하는 뮈토스의 사고를 넘어선 로고스에 의한 자각이다. 그런 면에서 시시포스는 신화적 세계관을 넘어선 '의식하는 인간'이자 로고스에 의한, 철학적 문제에 눈을 뜬 최초의 인간이다.

시시포스의 시간은 반복된 일상에 서서히 전락해가는 우리에게 묵직한 질문을 던진다. 습관과 안일함에 빠져 '의식하지 못하는 삶'을 살고 있는 사람 중 누가 시시포스를 가엾다고 할 수 있겠는가. 우리는 더 이상 신화의 세계에 살고 있지 않다. 신탁도, 그로부터 시작되는 비극을 믿는 사람은 없다. 하지만 아무런 저항도 없이 운명을 받아들이는 습관적 시간을 살아가는 것이 뮈토스의 세계가 아니라면 무엇일까.

얼마 전 오래된 영화 몇 편이 생각나 다시 구했다. 비슷한 시기에 학교를 다닌 사람들이라면 기억할 「죽은 시인의 사회」도 그중 하나였는데 이십여 년 만에 다시 본 영화의 메시지는 생각 이상으로 무거웠다.

키팅 선생은 마치 연극대사를 하듯 호라티우스의 싯구 카르페 디엠(carpe diem)을 외치고 다닌다. 할 수 있을 때 장미를 따라는 그 외침이 소년들의 마음을 크게 울리는 이유는 단 하나, 이어지는 '왜?'라는 물음 때문이다. 왜 현재를 즐기고 장미를 따야 하는가에 물음은 가장 근원적인 철학적 문제, 죽음에 대한 진지한 생각을 이끌어낸다. 그때 우리는 입을 다물고 자신의 삶에 대한 불편한 무언가를 느끼게 된다. 이것이 바로 시시포스의 인식이다.

비극의 주인공은 그 자신의 운명을 분명히 인식하고 저항했다. 하지만 오늘날 비극의 주인공은 그 자신이 그러한 운명에 처했는지도 모르고 있다. 인생이 살 만한 가치가 있는지를 묻지 않는다. 처절하게

시시포스의 바위산. 이 절벽은 실제로 낙석사고가 잦다. 여러 개의 낙석주의 경고문구가 있다. 붉게 보이는 부분이 암반이 떨어져 나간 부분이다. 과거 델피에 침입했던 페르시아 군대도 이 무너진 바위에 성소를 저지하지 못했다.

저항한 삶과 그저 아무것도 모른 채 행복하게 죽음을 맞는 삶, 시시 포스의 참으로 진지한 철학적 문제는 바로 여기에 있다.

굴러떨어진 바위를 찾아 나서는 시시포스에게 파르나소스 골짜 기의 바람이 불어온다. 지독한 권태와 무력감에서 그를 살릴 바람의 소리다. 바람의 소리는 매일 바위를 짊어지고 오르는 시시포스를 위한 내일의 신탁이다.

카스탈리안 샘, 이 샘은 델피에 오르는 모든 사람이 거쳐야 하는 성스러운 의식을 위한 공간이다. 여기서 몸을 깨끗이 씻은 사람만이 신전에 오를 수 있었다. 시시포스의 바위산은 바로 이 샘 윗부분에 해당한다. 시시포스가 이 샘이 위치한 바위를 끌어올리는 것은 아마 델피를 방문하는 모든 이들이 제 몸을 씻는 동안 머리 위에서 벌을 받는 시시포스를 보도록 한 의도가 있었을 것이다. 인간에게 신의 위엄을 세우는 장소로 충분하다. 시인 바이런은 이 샘이 시적 영감을 준다고 해서 단번에 뛰어들었다고 한다. 그 영감은 아마 부조리한 일상에 대한 참으로 진지한 문제였을 것이다. 나 역시 여기에 손을 담갔으니 그것은 시시포스에 대한 오랜 경외심에서였다. 그는 이토록 가벼운 세상에 진지한 삶을 생각하게 하는 의인이다.

"너는 인간의 영웅이 될 것이다. 비극적 삶을 짊어지고 정상에 오를 영웅이 될 것이다. 하지만 그 삶을 다시 쏟아 버려야 살아갈 수 있다. 네가 다시 저 아래 굴러떨어진 바위를 향해가던 그 부조리한 시간을 견딜 수 있다면 너는 초인이 될 것이다. 그 안에서 비로소 삶의 주인이 되리라. 더 이상 운명에 얽매이지 않고 신탁에 목맨 인간들의 벌거벗은 비아냥이 들리지 않을 것이다. 너는 그렇게 깨어날 것이다. 그렇게 남김 없이 다 살려고 노력하라."

호텔 판, 지붕 아래 방

파트라의 델피행 정류장   델피의 호텔 판

파르나소스 산

대표적 봉헌물로 만든 기념품

델피 마을의 계단

카스탈리아의 샘에 있는 수조

시시포스의 바위산

델피 유적지 입구

마을을 그린 접시

델피 마을

그리스 비극의 탄생
델피

"예술의 발전은 '아폴론적인 것'과 '디오니소스적인 것'의 이중성과 관련이 있다."—『비극의 탄생』, 프리드리히 니체

델피는 올림피아와 마찬가지로 범그리스 문화권의 종교적 성소였는데 특히 아폴론의 신탁이 내리는 곳으로 정치적으로 중요한 의미를 지닌 도시였다. 도시의 구성은 유적지를 관통하는 성스러운 길을 중심으로 각 도시가 바친 봉헌물을 보관하는 보물창고가 줄지어 있었고 아폴론에게 바친 각종 기념물이 빈틈없이 차 있었다고 전해진다. 이 도시에 바쳐진 봉헌물은 로마시대에는 이탈리아로, 비잔틴 시대에는 콘스탄틴노플로, 근대에는 오스만 제국과 제국주의 국가들의 광장과 박물관으로 하나 둘 옮겨져 지금은 건물 기단부와 기념물을 받치던 석재만 남아 있다.

성스러운 길, 이 길에는 고대도시의 보물창고와 봉헌물이 세워져 있었는데 현재에는 근대에 복원된 아테네 보물창고가 유일하게 남아 있다.

델피박물관의 옴파로스. 성스러운 길에는 세상의 배꼽이라고 불리는 옴파로스 바위가 있다. 이 바위는 제우스가 날려 보낸 두 마리의 독수리가 세상을 한 바퀴 돌아 이곳 델피에서 다시 만났다는 전설과 관련이 있다. 과거 그리스인들은 파르나소스 산을 세계의 지붕이라고 생각 했으며 데우칼리온이 대홍수 후 처음 이 산을 발견한 것도 이 때문이다. 델피가 그리스 세계 의 중심이었음을 알려주는 여러 이야기가 전해진다.

　서서히 오르던 길에는 파르나소스의 검은 돌을 재료로 한 아폴론 신전이 남아 있다. 이 도시의 주인은 아폴론이었다. 아폴론은 제우 스의 가장 충실한 아들이자 올림퍼스 12신 중 하나로 고대 그리스 사 회에서 그의 신탁은 상당한 정치적 의미를 가지고 있었다.

　올림피아가 경쟁을 통한 제전으로 도시의 명예를 가져다주는 장 소였다면 델피는 아폴론의 선택과 신탁에 의해 도시의 위상을 부여 하였다. 이는 올림피아의 제전이 비교적 인간의 능력과 경쟁에 의해 결과가 나오는 것에 반해 델피는 오직 신의 목소리만으로 그 운명을 결정짓는 일종의 타력(他力) 신앙이었다.

　두 성소의 가장 대표적인 비극인 펠롭스와 오이디푸스의 이야기를 보면 펠롭스의 경우 전차경기에서 이기기 위해 자신이 선택한 속임수에 따른 결과로 저주를 받은 데 반해 오이디푸스는 자신의 의지와 상관없이 태어날 때부터 받은 저주라는 차이점이 있다.

성소 델피의 신앙은 운명에 대한 두려움을 신앙의 근간으로 삼는다. 오이디푸스의 비극은 사실 신탁에 의한 저주라기보다 인간이 자신을 믿지 못한 나약함이 자초한 비극이다. 두려움을 벗어나려 신탁을 기다리지만 결국 그 신에 의탁하여 운명을 저당 잡히는 비극이 시작되는 것이다.

아폴론이 빛과 이상, 균형감, 조화 등을 상징하는 신이라는 점에서 볼 때 그의 신탁이 가져다주는 모호함, 이중성, 운명성 등은 이율배반적이다. 아폴론의 신탁이 인간에게 비극으로 연결된다는 점은 또 한 명의 델피의 주인 디오니소스와 연관될 때 아주 흥미롭다. 델피는 대부분 아폴론이 머무르지만 빛이 가라앉는 겨울 몇 달 동안은 그의 이복형제 디오니소스가 숭배를 받았다. 아폴론이 이성과 조화의 상징이라면 술과 축제의 신 디오니소스는 감정과 직관 같은 정반대의 상징성을 가지고 있다.

빛의 도시 아폴론에서 내린 신탁은 인간에게 행복이 아닌 비극이다. 비극에 고통스러워하는 인간은 그 슬픔과 욕망을 좀 더 파괴적인 축제를 통해 해소하는데 디오니소스 숭배가 가장 대표적이다. 고대부터 디오니소스를 숭배하는 집단과 축제는 가장 원초적이며 광기 어린 모습으로 묘사되고 있는데 디오니소스는 그 자신이 여러 번 찢겨 죽어 세 번 부활하는 비극의 주인공이기도 하다. 그리고 보면 신탁을 내린 자는 아폴론인데 그것을 받든 자가 찾는 것은 디오니소스의 삶이다.

아폴론 신전, 파르나수스의 석회암을 재료로 한 신전은 검은 빛깔을 가지고 있다. 기단과 경
사면을 받친 석축 등이 온전하게 남아 있다. 이 신전의 석축에는 여러 가지 문자가 기록되어
있는 특징이 있다.

델피박물관의 춤추는 세 명의 소녀들, 디오니소스의 축전의 주요 내용인 춤을 다루고 있다는 점에서 다른 봉헌물과 차이가 있다. 디오니소스와 관련된 기념물로 해석하기도 한다.

니체는 청년학자 시절 이 두 가지 가치에서 예술이 탄생한다는 아주 인상적인 해석을 내놓았다. 아폴론은 그리스 미술이 가지는 절제미, 균형감, 이상적 가치를 상징하고 디오니소스는 자유분방함, 원시성, 쾌락적 가치를 상징한다고 보았다. 아폴론적인 것은 그리스 미술에서 표현되는 훌륭한 이상적 조형미로 나타나고 디오니소스적인 것은 비조형적 음악과 예술로 구체화된다. 특히 아폴론적인 것은 이상적 미를 표현하기 위해 억제된 제한과 조화를 추구하는데 여기에 대한 가치는 디오니소스적 원시성이 존재할 때 가능하다고 보았다.

이를 예술의 탄생과정으로 구체화해보면 아폴론이 신탁을 내리기 위해서는 무엇보다 최고의 봉헌물을 바쳐야 가능했다. 최고의 봉헌물을 바치고자 도시는 경쟁했고 그 결과 신의 이상적 모습을 담은 조화와 균형미를 갖춘 조형미술이 탄생한다. 아폴론의 신탁은 도시든 개인이든 바치는 봉헌물의 가치에 따라 신탁의 우선권이 주어졌는데 결국 황금의 가치에 따라 신의 선택이 달라질 수 있음을 의미한다. 바로 여기서 비극의 단면이 드러난다.

그토록 고대했던 신탁은 인간의 기대와 달리 운명을 바꿀 수 없는 저주로 이어지고 고통스러워하는 인간을 위로하는 것은 음악과 춤으로 구성된 주신제(酒神祭)나 축제이다. 이 주신제를 주관하는 포도주의 신 디오니소스는 그를 숭배하는 인간들에게 환희를 맛보는 술과 음악을 통해 고통을 잠재워준다. 여기서 이상적인 조형미술과 다른 원초적인 욕망과 슬픔을 다룬 음악과 춤이 탄생하고 이것이 나중에 연극의 비극으로 이어진다.

고전 시기 그리스의 도시가 이상미를 갖춘 조형미술의 완성을 보는 동시에 비극을 공연하기 위해 대형 극장을 경쟁적으로 지었다는 사실은 두 가지 이질적인 가치가 공존했음을 잘 보여준다. 니체가 적수라고 부른 두 가지 가치는 거리를 좁히지 않고 서로 대결하기도 하고 때때로 화해하기도 하며 긴장 관계 속에서 묘한 공존이 이루어졌다. 연극 비극의 탄생은 신탁을 통해서 결국 잔인하리만큼 극명한 인간미를 발견하게 되는 극적 구조를 가진다. 이런 발견이 관객인 인간들에게 짜릿한 카타르시스를 통한 예술 체험으로 이어지는 것이다.

창조하는 빛을 가진 아폴론과 파괴하는 빛을 가진 디오니소스는 무질서 속에서 빛나는 균형감을, 온전한 세계 속에 느끼는 일탈의 자유로움을 통해 인간이 서로를 찾지 않을 수 없게 했다.

카뮈는 검은 여름에 대한 인상을 이야기한 적 있는데 빛이 너무 강렬한 나머지 아찔할 정도로 눈앞이 캄캄해지는 체험을 두고 니체의 비극 탄생이 이와 같다고 했다. 검은빛은 여름 속의 어둠, 겨울 속의 밝음 같이 인간의 삶과 죽음도 두 얼굴이 맞물려 있는 진실이자 부조리한 면을 마주하는 것이라고 털어놓았다.

하지만 니체의 아폴론적인 것과 디오니소스적인 것의 대결, 카뮈의 검은 빛이 실제로 어떻게 같이 나타날 수 있는가? 그것들은 동시에 드러나기에는 너무도 상반되고 이중적이다. 남겨진 미술품을 통해 확인하는 것은 성에 차지 않았다. 수천 년이 지난 그리스에서 이 고대의 근원적인 가치가 여전할 것인가에 대한 의문은 더욱 컸다.

하지만 여행이 길어질수록 그리스인의 독특한 양면성을 발견할 수 있었다. 그들은 유일신을 모시는 독실한 신앙자이면서 생활은 고대 영웅들의 유쾌함과 모험심을 따르려 애쓴다. 또한 서양문화의 근원이면서도 동양적 가치가 혼재된 삶을 살고, 높은 이상적 가치를 인정하면서도 생활에서는 셈이 빠르다.

생각해보면 그리스인들의 조상은 언제나 영웅인 동시에 시쳇말로 사기꾼이었다. 모험심과 용기로 바다로 나서지만 위기를 벗어나는 방법은 기발한 속임수이며 그를 구해준 헌신적인 여자를 버리는 치졸한 배신자이기도 하다. 하지만 달리 보면 위대한 자는 언제나 이중적이었다. 누구보다 예의가 바르면서도 솔직하고, 겸손하면서도 진취적이다. 자애로우면서도 적에게는 잔인하다. 예의만 바르고 겸손하기만 하다면? 솔직하고 진취적이기만 하다면? 반드시 용기 없음을, 사려 깊지 못함을 비난받을 것이다. 하나 안에 극명한 이중성을 가진 것, 그 때문에 모호함을 가진 것, 이 긴장과 화해 속에서 다양성을 인정하는 휴머니즘이 확인되고 새로운 것을 만드는 근원적 힘이 된다.

시시포스가 부조리한 것은 자신의 인생이 살만한 가치가 있느냐 없느냐를 판단하고 있음에도 그것을 벗어날 수 없기 때문이다. 의식과 행위의 틀어짐, 이것이 비극이다. 결국 비극은 뮈토스의 세계와 로고스의 세계가 충돌하며 인간이 그 스스로의 처지를 자각하는 위대한 순간에 탄생하는 것이다. 이질적인 두 가지 세계가 만나 아찔할 정도의 검은 빛을 만들어내고 그 들판에서 인간은 비극을 통해 처절하게 자신을 돌아보게 된다. 예술탄생의 시작은 바로 이 극적인 순간이다. 이 순간을 묘사하기 위해 연극-비극이 탄생하고 예술의 영

델피박물관의 전차 경주자, 이 청동상은 실물 크기의 등신상으로 델피의 가장 대표적인 기념물 중 하나이다. 기원전 478년 시칠리아의 군주가 전차 경주에서 승리한 것을 기념하기 위해 만들었다고 전해지는데 특히 전해지는 대부분의 조각상이 눈이 비어 있는 데 반해 채색된 돌로 채워져 있는 점에 주목할 필요가 있다. 청동상의 눈을 볼 수 있는 몇 안 되는 사례이다.

낙소스의 봉헌물인 스핑크스, 높이가 2.3미터에 이르는 이 대형 조각은 에게 해의 낙소스 섬에서 기원전 560년경에 델피에 바친 봉헌물이다. 원래는 10미터 이상의 기둥 꼭대기에 놓여 있었다. 그리스 도시들은 아폴론의 신탁을 받기 위해 경쟁적으로 거대한 봉헌물을 바쳤다. 특히 본토가 아닌 소아시아와 지중해 연안의 식민도시가 더 적극적이었는데 심지어 이민족도 이 성소에 봉헌물을 들고 찾아왔다. 그리스의 도시들은 이 성소에 대한 지배력을 확보하기 위해 몇 차례 치열한 전쟁을 치르기도 했다.

델피의 원형극장. 이 원형극장은 기원전 4세기에 만들어진 것으로 추정하는데 5,000여 명을 수용할 수 있는 대형극장이다. 이 정도 대형극장은 펠로폰네소스 에피다우르스의 극장과 아테네의 디오니소스 극장 정도이다. 성소 역할로 한정되어 있던 델피에서 이런 대형극장을 세웠던 배경에는 비극의 유행과 그리스인들의 환호가 있었을 짐작해볼 수 있다. 연극은 디오니소스 축전에서 가장 중요한 행사였다. 아폴론의 성소에 위치한 디오니소스의 극장이 바로 그리스 예술의 탄생을 상징한다.

원한 주제가 된다.

델피의 유적지 상단에는 대형극장과 스타디움이 있는 독특한 구조이다. 일반적으로 상단에 신전이 위치하는 것과 달리 이곳에는 경사 지형을 이용해 디오니소스의 축전이 열리는 극장을 세우고 아폴론의 제전이 열리는 경기장이 그 정점에 위치하고 있다. 이곳이 단순히 신의 목소리를 듣는 성소 역할뿐 아니라 축제와 제전을 통해 더 귀결된 예술의 탄생을 지향하는 현장이었던 셈이다.

나중에 델피를 함께 찾은 아내에게 이 고대 극장의 무대에서 춤을 출 것을 권했다. 대학 때 러시아 민속무용을 배운 적 있다고 자랑했던 아내는 나를 심드렁하게 쳐다봤다. 인생은 아폴론의 절제가 아니라 디오니소스의 열망이 있을 때 위대한 순간이 온다는 내 열변이 이어지자 곧 한껏 다리를 세우고 빙그르르 돌았다. 아, 순간 아내의 모습에서 저 춤추는 세 소녀를 봤다면 믿을 수 있겠는가. 우리를 빛나게 하는 것은 바로 이런 순간순간이다. 가만히 다이몬의 소리를 귀담아듣고, 디오니소스의 부추김에 등 떠밀려보는 것이다.

오, 나의 영혼아,
불멸의 삶을 애써 바라지 말고
가능의 영역을 남김 없이 다 살려고 노력하라
ㅡ『아폴론 제전의 축가』, 핀다로스

스타디움, 델피 유적지 최상단에 위치한 이 경기장은 형태가 잘 보존되어 있다. 올림피아와 더불어 대표적 제전이었던 델피제전이 열리던 곳으로 이 경기의 승자는 월계관을 받았다. 원래 올림피아 제전의 승자는 올리브관을, 델피제전의 승자는 월계관을 받았다. 델피제전은 시와 음악회를 여는 것에서 시작했으나 후에 운동 경기도 추가된다. 악기 리라와 월계수는 아폴론을 상징하는 도상으로 월계수는 아폴론이 사랑했던 다프네가 변한 나무로 알려졌다. 경기장의 제전과 극장의 축제는 아폴론적인 것과 디오니소스적인 것의 화해와 결론을 위한 대승적 무대라고 볼 수 있다.

델피박물관의 성소 전체 모형

델피박물관의 쿠로스 상 클레오비스와 비톤

극장의 관람석

아폴론 신전

석축에 난 야생화

아테네인들의 보물창고

고대 스타디움

아폴론 신전

석조에 새겨진 문자 기록

마르마리아 구역의 톨로스

고독을 마주하는 성소
메테오라

예술이

아폴론과 디오니소스가 그러했듯이,

종교도

고난과 영광이 교차하는 곳에 감동이 있다.

저 해골 위 십자가를 보고도

아직 감동하지 못한 사람들에게

수행자의 가난한 고독을 권해본다.

메테오라는 한때 20여 개의 수도원이 있었으나 현재는 6개의 수도원이 남아 있다. 멀리 보이는 마을이 칼람바카 방면이며 왼쪽이 루사누 수도원, 오른쪽 저 멀리 보이는 지붕이 아기오스 니콜라오스, 가까운 쪽에 바를람과 메갈로 메테오라가 있다. 나머지 두 곳은 반대편에 있다.

올림피아와 델피가 고대 사회의 종교적 성소였다면 메테오라는 아토스 산과 더불어 정교회의 대표적 성지이다. 그리스 수도원의 엄격함과 폐쇄성은 무척 유명한데 니코스 카잔차키스는 아토스의 수도원에 머물면서 그 종교적 분위기에 심취해 새로운 종교를 만들 것을 공상하기도 했다. 정교회의 수도원을 방문하는 방법은 쉽지 않아 아토스 산은 현재도 따로 비자를 받아야 들어갈 수 있고 방문 일도 미리 알 수 없다. 정교회의 수도원은 이민족의 지배를 받는 동안 그리스의 문화와 정신을 지켜온 보물창고 같은 역할을 했다. 독립성을 지키기 위해 더욱더 고립되고 폐쇄적인 공동체

생활을 했고 그 전통은 현재에도 여전하다.

메테오라는 거대한 거인들이 땅속에서 솟아 굳어버린 모습이다. 이 거인들은 제각기 그 머리에 수도원을 올리고 누구의 방문도 허락하지 않을 다부진 자세로 버티고 있다. 그 사이를 천천히 오르는 길은 묵직한 종교적 분위기와 달리 그리스의 봄을 만나는 길이다. 바위들 사이에는 새 소리와 야생화가 가득하고 나무는 울창했다. 북부로 갈수록 비교적 강수량이 풍부한 풍경이 시작되고 있었다.

메테오라를 걸어 오르려면 많은 시간과 발품이 필요하다. 대부분 차를 타고 몇 군데의 수도원을 방문하지만 이곳은 원래 걸어 오를 수도 없는 곳이었다. 수도사들은 벼랑 위에서 바구니를 내려 음식을 올렸고 외출을 하기 위해서는 아슬아슬한 줄에 몸을 묶어야 했다. 메테오라를 걸어 오르는 길은 그 자체로 의미 있는 일이다. 순례의 길은 원래 제 발로 찾아가는 과정에 의미가 있다.

걸어서 갈 고집에 단단히 마음을 먹고 이른 아침 칼람바카를 출발했지만 내심 걱정이 들었던 것도 사실이다. 얼마 지나지 않아 제 고집이 통했다는 기분 좋은 위안을 받았다. 걸음을 옮길 때마다 다른 각도에서 펼쳐지는 솟을 바위와 수도원의 아슬아슬한 풍경은 글을 통해서는 설명하기 어려울 정도였다. 건조한 공기 덕에 시선은 저 멀리 볼 수 있는 만큼 이어진다. 보고자 하는 만큼 볼 수 있는 시간과 공간이 언제나 허락되는 것은 아니다. 하지만 그리스에서는 그럴 수 있다는 믿음이 생긴다.

바를람 수도원, 1518년 세워진 수도원으로 메갈로 메테오라 바로 아래에 있다. 수도원에는 해골을 모아둔 방도 있는데 여기서 수행했던 수도사들의 유골이다. 이 수도원은 한 번 오르면 다시는 내려갈 수 없는 곳이었다.

메갈로 메테오라, 메테오라에 최초로 세워진 수도원이며 1336년에 아토스 산에서 온 수도사 아타나시오스가 세웠다. 이곳에는 박물관이 있는데 근대 독립 전쟁 시 메테오라 수도사들이 선두에 서서 전투에 임한 사진과 유물이 남아 있다.

비잔틴 황제가 가졌던 두 가지 권력, 지상의 황제와 천상의 대리자는 제국의 멸망으로 붕괴되었다. 이때 그리스인들이 선택한 것은 지상의 땅은 내어주되 종교를 지키게 해달라는 절박함이었다. 투르크인들은 그런 면에서 합리적이었다. 그들은 세금과 의무만 충실하면 종교를 강요하지 않았다. 그렇게 제국은 사라졌으되 신앙은 지킬 수 있었다. 그리스인들에게 땅의 주인이 매번 바뀌는 것은 이제 큰 관심사가 아니었다. 그들은 왕관을 포기하는 대신 정교회의 십자가에서 의미를 찾고자 했다. 황제의 권력에 의해 존중받던 정교회는 이제 스스로 살아남아야 했다. 권력과 더 멀어져야 살아남을 수 있었고 그들의 신앙 기반은 오로지 그리스인과 천상의 예수뿐이었다. 도시의 화려한 교회 대신 더 깊숙한 곳에 수도원을 세웠고 스스로를 고립시키고 세상의 권력과 격리시켰다.

메갈로 메테오라에 있는 비잔틴의 쌍두 독수리 문양. 현재 정교회의 상징으로 사용되는 이 문양은 수도원 곳곳에서 찾아볼 수 있다.

정교회의 성화 중에는 해골 위에 세운 십자가를 그린 것이 있다. 이것은 골고다 언덕에 세운 예수의 죽음을 그린 것인데 원래 골고다의 의미가 해골이었다. 해골 위 십자가는 고난 속에 세운 예수의 가르침을 상징한다. 메테오라의 수도원은 누구도 뽑을 수 없는 곳에 세운 십자가의 의미이다. 솟아오른 바위는 다시는 내려오지 않겠다는 맹세이다. 벌거벗은 바위는 어디 숨어 도망칠 여지를 주지 않는다.

이 수도원이 가지는 미덕은 고행이다. 어려이 구한 빵과 매일 끌어 올리는 물로 원초적인 고난의 의미를 새겼을 것이다. 종교미술에서 그 우상을 고행자의 모습으로 묘사하는 것은 쉽게 볼 수 없다. 시간이 지날수록 성상은 성취한 자의 빛나는 얼굴을 하게 된다. 불교에서도 권력자들은 제 자신을 속계를 다스리는 전륜성왕이라 칭하며 생불(生佛)을 자처했다. 그렇게 만든 불상은 성취한 자의 모습이다. 부처가 보리수 아래서 비쩍 말라 몇 번이나 고꾸라지던 고행상은 더 이상 만들지 않았다. 정교회도 황제의 권력이 빛남을 증명하기 위해 더 화려하게 교회를 세우고 예수를 그렸다. 종교와 권력은 언제나 깊은 상관관계를 가지고 있다. 역설적으로 종교가 권력과 멀어질 때 신앙적 간절함은 더 절박해진다.

메테오라의 수도원에서 골고다 고원의 십자가를, 어둡고 거친 방에서 부처의 고행이 보였다. 종교미술에서 발견할 수 있는 감동은 언제나 이런 간절함에 있다. 그 간절한 신앙은 여지없이 고난과 고통의 역사 속에서 시작된다. 파괴된 세계 속에서 창조되는 아름다움은 가난 대신 얻은 고매한 깨달음에서 얻어진다. 그 환희와 기쁨은 극적인 순간에 아름다운 예술로 거듭난다.

바를람 수도원의 기중탑. 원래 수도원에는 외부로 통하는 문과 계단이 전혀 없었다고 한다. 대신 도르래를 이용한 장치를 이용해 사람과 물건이 오르내렸다. 1920년대에서야 외부로 통하는 계단이 생겼다. 현재도 이 도르래를 이용해 물건이 오르내린다.

루사누 수도원, 좁은 바위 위에 아슬아슬하게 세워진 루사누 수도원은 해골 위 십자가를 연상하게 한다.

나는 수도원의 어두운 나선형 계단을 조심스레 올라갔다. 둥글게 세운 아치 아래로 머리를 숙여 작은 방에 들어섰다. 캄캄한 방에는 작은 창으로 들이치는 빛이 있었고 그 아래 낮은 테이블에 성화가 놓여 있었다. 한 줄기 빛과 성화, 무릎 꿇을 공간이 전부였다. 바닥은 거칠었고 겨우 허리를 숙이자 창에서 빛이 쏟아졌다. 창은 작지만 들이는 빛은 이 세계를 채우기에 충분했다.

삶의 전부가 채워지지 못해 스스로 바위에 올랐을 그들을 맞이한 것은 지독한 고독이었다. 매일 하얗게 새어가는 밤을 맞으며 수많은 질문을 했을 것이다.

욕망에서 멀어지기 위해 오른 사람들의 절실함은 무엇이었을까. 작은 창문으로 내려다보던 세상은 어떤 모습이었을까. 가느다란 빛에 의지한 채 기도하던 그 주문은 무엇이었을까. 세상은 좁은 창에 담아두고 나머지는 무엇으로 채웠을까.

거친 바닥에 누워 매일 수많은 벽의 돌을 잘게 쪼개어 보고 다시 끼워 넣는 일이 반복된다. 그러던 어느 날 그 벽 너머에 있는 좀 더 분명한 세상을 만나게 된다. 진리는 창 아래 놓은 절대자의 이미지 너머에 있다. 이미지는 매개 일 뿐이다.

반대로 정작 바위 아래 세상은 더 좁아졌고 사람들은 진지한 질문을 하지 않는다. 사람들은 좀 더 고독과 마주할 필요가 있다. 고독을 두려워하면 질문을 두려워하게 된다. 때로는 스스로가 좀 더 절박한 곳에 오를 필요가 있다. 그렇게 해서 만난 고독은 하얗게 빛난다. 검은 태양과 마찬가지로 두 개의 이미지는 극단적이다. 하얀 고독은 난데없는 빛에 좁은 공간이 부서지는 순간이다. 이 순간 제 인생이 파괴되고 창조되는 감동적인 경험을 가진다. 이 경험은 인간에게 의미 있는 것을 남기고자 하는 욕망을 갖게 하는데 예술가로서의 욕망이 이것과 다르지 않다.

오늘날 사람들이 누구나 이런 경험을 하기는 쉽지 않다. 나 역시 아주 어린 시절 스스로를 고립시키고자 겁 없이 경험했던 몇 번의 기억이 있을 뿐이다. 그때 그 감동을 글로 남기고자 애를 쓰곤 했지만 점점 더 그런 시간을 갖기가 어려워진다. 그럼에도 지금 이 검소하고 아무것도 없는 수행자의 방에 들어서면 그 감동의 순간을 다시 마주할 것 같은 기대감이 든다. 공간이 주는 상징성은 이런 것이다. 수도자들의 수행과 그 공간이 여전히 우리를 들뜨게 하는 것은 바로 고난과 고독 속에서 빛나는 정갈한 감동이다.

예술품을 볼 때 별다른 감흥이 없는 사람들의 표정은 비슷하다. 그들은 고독을 이해하지 못한다. 밥을 혼자 먹을까 두렵고 작은 전화기에 아무도 말을 걸지 않을까 노심초사한다. 그저 외로울까 두려워하는 사람들이다. 그래서 그 극적인 감동의 순간을 공감하지 못하는 것이다. 만약 하얗게 부서지는 고독을 마주했다면 해골 위의 십자가, 벌거벗은 바위 수도원, 정갈한 기도실이 주는 감동을 어떻게 모르겠는가.

예술의 탄생은 인간이 감동을 느낄 수 있을 때 시작된다. 다행히 그리스에서는 아직 빛과 어둠, 고난과 깨달음, 고통과 환희, 이 정반대의 것들이 주는 감동이 여전히 남아 있다. 태양이 가득한 곳에서

아기오스 니콜라오스 수도원의 기도실. 수도원은 석재를 이용해 지었기 때문에 내부에는 거의 빛이 들지 않는다. 때문에 작은 창으로 들이치는 빛은 좁은 방을 더욱더 산비롭고 경건한 공간으로 만든다. 빛은 언제든 충분하다. 좁은 방일수록.

아기오스 니콜라오스 수도원의 창에는 올려 둔 사다리가 있다. 스스로 사다리를 걸어 올려 세상을 바라보는 사람이 있다. "사회가 갈라놓은 사람들을 고독이 서로 만나도록 결합시켜 주는 것이다." — 《안과 겉》, 알베르 카뮈

스스로 빛이 없는 저 탑 속에 올라, 그 안에서 다시 한 줄기 빛을 마주하며 깊은 감동을 받는다. 빛과 어둠이 교차하고 고난과 깨달음이 그를 따른다. 그것은 이 고립된 수도원에서 전통과 정신을 지키고자 애쓴 수행자들이 물려준 유산이다.

아주 고독한 유산.

아기오스 스테파노스와 아기아 트리아다로 향하는 길, 이 수도원은 영화 「007시리즈」에 등장한 적이 있는 수도원이다. 메테오라는 독특한 풍경으로 여러 차례 영화배경이 되었다.

아기아 트리아다로 들어가는 길에는 아래로 난 작은 옛길이 있다. 이 길은 칼람바카로 바로 이어지는 지름길인데 찾는 사람이 없어 아주 운치 있다. 육지 거북도 쉽게 볼 수 있다. 길은 돌로 잘 다듬어져 있고 20여 분이면 마을로 내려갈 수 있다. 메테오라를 오르는 방법은 버스나 차를 빌리는 방법이 있다. 하지만 걷는 데 문제가 없다면 걸어서 이 파노라마를 둘러보기를 권한다. 이른 아침에 출발한다면 칼람바카에서 시작해 반대편 수도원까지 오후 늦게 다 둘러볼 수 있다. 걸어서 메테오라를 순례하는 여행자라면 마지막에 아기아 트리아다를 거쳐 이 길을 찾아 내려오면 다시 돌아가지 않아도 된다.

칼람바카 광장, 메테오라에 가기 위한 마을, 비교적 마을은 넓고 숙소도 여러 개다. 큰 규모의 호텔은 주로 단체 관광객들이 묵는 숙소인데 좀 소란스럽다. 광장에는 식당이 모여 있어 메테오라를 둘러보고 바위를 보며 휴식하기에 좋다. 칼람바카에는 기차역이 있어 아테네로 향하는 제대로 된 기차를 탈 수 있다. 아테네에서 메테오라로 바로 온다면 이 기차를 이용하면 한 번에 올 수 있다.

수도원의 운반 그물

아기오스 니콜라오스에서 본 칼람바카

그리스 국기와 정교회 깃발

바를람 수도원의 기중탑

메테오라

오라의 운반용 케이블

아기아 트리아다와 아기오스 스테파노스 사이의 칼틸

비잔틴제국의 상징

루사누 수도원

칼람바카 광장의 타베르나

IV
그리스인 조르바에게
유토피아를 묻다

Irákleio, Creta

Knosós, Creta

Firá, Thira(Santoríni)

Oía, Thira

최초의 시간, 크레타의 새벽
이라클리온, 크레타

"나는 혼자서 아무것도 가진 것이 없이
낯선 어느 도시에 도착하는 것을
몹시도 원했었다."
―장 그르니에 '섬'에 부침, 알베르 카뮈

"항구도시 피레우스에서 조르바를 처음 만났다. 나는 그때 크레타로 가는 배를 기다리고 있었다."소설『그리스인 조르바』에서 두목과 조르바와의 만남은 이렇게 시작한다.

한 번의 여행에서는 내내 이 한 권의 책을 읽고 있었다. 떠나기 전 몇 권의 책을 골랐지만 결국 가볍게 제본한 이 페이퍼북을 골라 가방 상단에 올려두었다. 비가 오는 날이면 봉투에 넣고 옷으로 말아두기도 했다. 사실 늘 읽을거리를 찾는 습관 때문이기도 했지만 여행자

페레우스 역, 항구 바로 앞에 연결되어 있는 역이다. 피레우스는 아테네의 외항으로 지하철로 연결되어 있다. 그리스의 역은 비교적 중요한 위치에 있으나 오가는 기차 편이 절대적으로 숫자가 적다. 아테네와 테살로니키 같은 대도시를 잇는 열차 정도가 잘 편성되어 있고 펠로폰네소스의 파트라 연결노선, 메테오라 연결 노선 정도가 편리하게 이용할 만하다.

에게 마음에 드는 책 한 권 없이 시간을 보내기는 그리 쉽지 않다. 더군다나 손과 눈을 자유롭게 하기 위해 버스를 잡아타기로 마음먹었는데 책이 비에 젖기라도 한다면 끔찍하다. 그렇게 귀하게 여겨선지 지금도 이 책이 서가 한 자리를 차지하고 있다. 내지에는 '크레타에서 책을 덮다, 이라클리온의 호텔 크노소스 401호에서'라고 적혀 있다.

소설처럼 나는 피레우스에서 크레타의 이라클리온을 향하는 야간 페리를 기다리고 있었다. 메테오라에서 새벽에 기차를 타고 아테네에 도착한 후로 이 야간 페리를 타기 위해 종일 거리에서 보냈다. 피레우스는 지중해의 섬으로 향하는 수많은 배가 오고 가는 항구이다. 아무리 건조한 그리스 날씨지만 피레우스 항은 습한 뱃사람의 체취가 있었다.

해가 지자 성급하게 선착장으로 나갔다. 붉은 줄이 그어져 있는 거대한 배는 '페스토스 궁전'이라는 크레타 왕궁의 이름을 빌려 쓰고 있었다. 이제 저 큰 궁전에 올라 크레타로 향할 생각에 처음 여행지에 도착한 설렘처럼 가슴이 뛰었다. 크레타는 그리스의 가장 큰 섬이지만 다른 얼굴을 한 그리스인이다. 가장 오래된 그리스 문명이자 유럽 문명의 시작이기도 한 크레타는 무엇보다 섬의 아들 니코스 카잔차키스의 땅이다. 조르바와 파내던 갈탄 광산이 자리한 그 거칠고 생경한 섬을 내일 새벽이면 만난다.

어둑해지자 페리의 뒤꽁무니가 열리면서 큰 트럭과 짐들이 실리기 시작했다. 한참을 배낭에 기댄 채 멀찍이 앉아 있던 내게 수속을 하는 선원이 손짓을 한다. 그리스인들은 무심한 듯하면서도 어김없이 손짓을 한다. 이들의 손짓에 별 어려움 없이 낯선 도시에서 길을 찾아 내리곤 했었다. 수속은 시작되었고 화물칸 한쪽으로 난 계단을 따라 선실로 올라갔다. 선실에는 좌석번호가 있었지만 일반 칸은 상관없이 골라 앉으면 되었다. 밖이 보이는 구석진 자리에 앉았지만 뒤따라 오른 승객들은 여지없이 바닥에 앉았다. 누구는 바로 머리를 대고 누웠다. 자리에 앉은 사람은 겨우 한둘이었다. 이 배는 밤 9시에 출발해 새벽 6시에 도착한다. 생각해보니 9시간을 좁은 좌석에서 졸고 있을 수는 없는 일이었다. 가장 먼저 올랐지만 결국 가장 뒷자리 등판을 기대고 한 자리를 겨우 차지했다. 모든 자리는 비어 있고 통로와 복도에는 사람들로 가득 차 빈틈이 없었다.

여행자는 겨우 몇이었고 대부분 가벼운 가방을 든 크레타인이었

이라클리온과 피레우스를 오가는 페리, 페리는 보통 지중해의 여러 섬을 거쳐 간다. 몇 개의 주요노선이 있는데 그중 크레타 행은 비교적 시간대가 많다. 비수기에도 주간과 야간 두 번 정도는 정기적으로 있다. 크레타로 가는 방법은 일반 페리와 고속페리가 있으며 국내선 항공편도 있다. 시간을 아끼고자 한다면 야간 페리를, 비교적 여유가 있으면 주간 페리를 권한다. 선실도 구분이 있는데 주간 페리의 경우에는 큰 차이가 없지만 야간에 좀 더 편하게 가려면 상위 선실을 구하는 것도 나쁘지 않다. 승차권은 항구주변 여행사에서 구할 수 있다. 성수기에 원하는 시간대를 구하려면 예약이 필요하다. 승차권은 항구 주변 여행사에서 쉽게 찾을 수 있는데 아테네의 여행사도 가능하다.

다. 그들은 곱슬거리는 검은 머리에 짙은 색의 눈, 그리고 무표정했고 가끔 눈을 들어 무언가를 응시했다. 검은 옷을 입은 중년의 여자들은 내내 잔소리를 해댔고 아이들은 지루할 틈 없이 떠들고 다녔다. 몇 달 새 익숙해진 전통 음악 소리는 내내 끝날 줄을 몰랐다. 누가 켠 줄도 모르겠지만 꺼 라고 하는 사람도 없었다.

이 낯선 얼굴들 사이에서 아홉 시간여를 조르바를 읽었다. 피레우스에서 만났다는 그 희랍인의 걸걸한 목소리를 밤새 듣고 있었다. 그들의 얼굴은 어느새 마을의 성스러운 처녀로, 고집 센 노파로, 심부름하는 아이로 변해갔다. 어느새 거친 입과 멋대로 내젓는 팔, 덥수룩한 얼굴을 한 조르바를 찾고 있었다.

"두목, 당신의 그 많은 책 꺼내놓고 불이나 질러 버리시구려, 그러면 압니까? 혹 인간이 될는지?"

이 대놓고 비아냥거리는 조르바의 말에 작업실의 벽면마다 가득 세워둔 책장이 떠올랐다. 나는 작업실의 인문학적 분위기를 내심 즐기고 있었다. 그 책 덕분에 휴머니즘을 갖춘 인간이 되는 것은 아니었지만 그렇게 봐주기를 원하고 있었다. 내가 아닌 척 손사래를 치면 면박을 주고 침을 탁 뱉어내고 하는 말이,

"아니라고요? 그럼 그 책 내 다 가져오리라. 오늘 불쏘시개로 다 태워서 밤새 춤이나 춰 봅시다!"

당황한 얼굴이 보였다. 너무 부끄러우면서도 몇 마디 더 쏘아 붙여줬으면 했다. 이 불같은 그리스인을 대하는 사람들의 표정은 다 다르겠지만 나는 발가벗겨진 느낌에 얼굴이 화끈거려 도저히 잠을 잘 수가 없었다. 하지만 춤추라고 내 팔만 잡아당기지 말고 욕지거리를 더 했으면 했다. 당하면서도 알 수 없는 웃음에 털썩 주저앉으니 참 모를 기분이다.

"배고픈 영혼을 채우기 위해 오랜 시간 책으로부터 받아들인 양분의 무게와 겨우 몇 달 사이에 조르바로부터 느낀 자유의 무게를 돌이켜 보면 책으로 보낸 세월이 분해서 나는 격분하고 마음의 쓰라림을 견디지 못한다."

조르바는 술병을 들고 춤을 추는 디오니소스이며 이 술 취한 성인을 떠받드는 자는 거친 부랑배와 협잡꾼이 아니라 책을 든 위선자와 달변가들이다. 숨기고자 그렇게 애를 쓰며 지친 이 위선자들은 조르바를 만나는 순간 제 책을 모닥불로 던져버리고 손을 끌어줄 것을 기다릴 것이다. 조르바를 만나는 것은 나 같은 숙맥에게는 너무도 큰 위안이다. 제힘으로는 아무리 해도 신들린 듯한 광기를 끌어낼 수 없는 서늘한 사람에게는 조르바 같은 영매가 추는 춤은 충격적이다. 플라톤이 이온에서 말한, 광기가 창조행위의 동력이 된다는 열광이론은 바로 신들린 듯 춤추는 디오니소스를 보고 한 말이다.

카잔차키스가 그 스승으로 조르바와 함께 베르그송, 니체를 꼽았다는 것은 그래서 더 의미심장하다. 니체의 초인은 인간의 조건과 본성을 뛰어넘는 투쟁하는 인간이며 베르그송의 생의 도약은 자유로운 존재로 탄생하기 위한 끝없는 의지이다. 두목은 조르바가 건네준 디오니소스의 광기를 통해 '초인'이 되고자 하는 '생의 의지'를 가지는 인물로 재탄생한다. 영화에서 조르바 역을 했던 앤서니 홉킨스가 바닷가에서 덩실대며 춤을 추던 장면은 바로 파괴의 광기를 통해 탄생하는 새로운 인간이자 창조하는 예술가의 모습을 상징한다.

새벽이 오자 배는 서서히 크레타에 다가서고 있다. 거무스레한 바다에 뱃줄기만큼 늘어진 미련들이 넘실거리며 따른다. 조르바의 배를 내 건조한 바다에 놓으면 욕망은 얼마만큼의 포말을 만들며 뱃전에 부서질까. 그저 부끄러워서 입을 다물까. 아니면 그의 입을 빌려

지껄일까. 뱃전에 걸었던 욕망이 부서지고 나면 아무것도 가진 것 없는 사람이 될 것이다. 아폴론의 지혜도, 디오니소스의 광기도 없는 그저 일상에 서서히 전락하는 인간이 될 것이다. 다만 나는 그것을 의식하고 있다는 점에서 '부조리한' 이름을 붙일 수 있어 참으로 다행이다.

밤새 조르바의 비아냥을 들으며 속도 없이 웃어대다 다 털려버린 가방을 들고 이라클리온에 내렸다. 아직 해는 떠오르지 않았고 아무것도 없이 혼자서 낯선 섬에 도착했다.

낯선 곳에서의 걸음은 늘 이른 새벽이 좋다. 목 끝까지 끌어올린 외투의 까슬한 불편함도 괜찮고 새벽바람의 서늘함도 나쁘지 않다. 사춘기 시절 어느 날부터 불면증이 생겼다. 밤새 이런저런 생각이 자라고 사라지고를 반복하다가 창밖이 밝으면 그대로 일어나 길을

이라클리온의 베네치안 부르치, 해가 떠오르기 전 바다에는 수많은 바닷새가 비행을 했다. 해가 뜨면 어디론가 그늘을 찾아 나설 새들은 최초의 시간을 맞이하는 데 여념이 없다.

이라클리온의 일출. 황금
빛으로 빛나는 에게의 바
다를 보았다. 황금을 만
든다는 전설의 왕 미다스
의 손은 태양이었다. 여
기서도 태양은 바다의 주
인이다.

나섰다. 나는 반에서 제일 먼저 학교에 도착하는 아이였다. 새벽에 길을 나서면 서두를 일이 없었다. 일부러 멀리 있는 정류장을 향해 한참을 돌아가 차를 타곤 했다. 그때 가끔 색다른 하늘을 보기도 했다. 잿빛 하늘이었는데 나는 그 하늘을 보는 날을 최초의 시간으로 생각해 새로 날일을 세기도 했었다. 생각해보면 그 새벽에도 지금처럼 아무것도 가진 것이 없었다.

거의 이십여 년 전 새벽의 기분이 드는 낯선 도시이다. 그리 오래 지났음에도 별반 달라진 것이 없다. 다만 아무것도 가진 것 없어 가벼웠던 소년과 가진 것을 탈탈 털어버린 사내의 공허함이 다르다.

이라클리온의 새벽은 고요하고 조용했다. 새벽에 도착한 것은 다행이었다. 그렇지 않았다면 이곳이 지금까지 지나쳤던 다른 바다와 무엇이 달랐을까. 아직 시작되지 않은 분주함, 깨어나지 않은 도시, 무엇보다 떠오르는 크레타의 태양을 맞는 행운을 가졌다. 베네치아의 부르치 위로 바다를 깨우는 태양이 솟는다. 매일같이 태양이 온전하게 떠오르니 누가 태양을 칭송하지 않겠는가. 고요한 에게 해를 빛나게 하는 것은 이 완전한 태양에 달려 있다. 태양은 황금의 대지를 선물하고 손이 닿는 곳마다 황금빛으로 바꾸었다. 황금을 만든다던 미다스의 손은 바로 태양의 축복을 노래하고 전설로 남긴 일이다.

모든 욕망을 뱃머리에 내걸고 바다를 건너온 자에게 크레타가 준 것은 태양의 아침이다. 이제 서서히 대지는 끓어오른다. 내가 할 수 있던 유일한 일탈은 다시 떠남이었다. 떠나서는 걷고 또 걷는 과한 몸짓으로 의미 있음을 증명하려 했다. 때가 되면 무모함, 과도함이

주는 낯선 시간, 낯선 도시에 내리는 그런 경험을 그리도 원했었다. 그 시간은 지난밤을 온전하게 바친 사람만이 얻는 최초의 시간이다. 몰랐지만 여기 이 섬에 도착한 낯선 얼굴이 그리도 찾던 디오니소스의 얼굴이다. 다만 불같은 광기가 아니라 서늘한 얼굴을 했을 뿐이다.

몇 번의 그리스 여행 중 아내와 함께 이 섬을 다시 찾은 적이 있었다. 아내와 난 같은 학번의 인문대학 동문이다. 결혼한다는 소식이 전해지자 사람들은 꽤 의외라는 반응이었다. 남자는 지극히 이상적이고, 여자는 현실적이라는 정확한 진단도 들렸다. 사람들은 말을 안 해도 예술 의미를 찾으며 소일하던 내가 충분히 이상적으로 보였을 것이고 대학 내내 장학금 받으며 뭐든 열심이었던 아내와는 어울리지 않을 거로 생각했던 모양이다.

사실이다. 난 충분히 이상적이었고 아내는 현실에서 더 인정받는 사람이었다. 하지만 이처럼 이중적이었던 두 사람이 만나는 것이 바로 모호함이다. 나는 이상적이었지만 그것을 현실에 이어보려고 애쓰던 사람이었고 아내는 현실적이었지만 이상을 가치 있다 여기는 사람이었다. 방향이 달랐지만 아내와 난 이상과 현실을 고민하는 데서는 크게 다르지 않았다. 오히려 그 중간에서 만나는 공감대가 더 컸다.

그런 그녀도 여행 중 고집스레 걷는 발걸음에 지쳐 하기도 했고, 입을 다물고 걷는 모습에 낯설어하기도 했다. 크레타에서 다시 잿빛 하늘을 보던 날, 아내는 그 서늘한 얼굴에서 나오는 무모함이 두려웠던 모양이다.

가끔 당신이 하는 말이 두렵습니다.
나는 미처 모르는, 그래서 나를 부끄럽게 하는 세상의 답을 묻는 당신이,
그래서 그 진실이 부담스럽기도 합니다.

걷다 보면 나는 미처 보지 못한 장면을 당신의 시선에서 발견하곤 합니다.
크레타의 밤, 당신은 에게의 바다를 향해 서 있었습니다.

혹, 그곳으로
나는 모르는 진실을 찾아 더 깊은 곳으로 떠날까 두렵습니다.

하지만 그때 당신은 가장 빛나는 얼굴을 하고 있습니다.
그 모습이 더 당신답기에…

이라클리온의 일출

이라클리온 부르치

이라클리온 항구 근처의 베네치안 포병 시설

그리스의 대표적 맥주 뮈토스

크노소스 유토피아
크노소스, 크레타

아직도 그 섬이 아틀란티스라고 믿는 사람들이 있다.

20세기 초 크레타 섬에서 크노소스 궁전이 발견되었다는 소식이 알려지자 신문사들은 이후 수년간 경쟁적으로 이 발굴을 취재했다. 슐리만이 신화에 머무르던 미케네와 트로이를 찾아낸 이후 서양인들은 고고학적 탐험과 고대유물을 찾는데 열광하고 있었다. 제국주의 국가들은 앞다투어 탐험에 뛰어들었고 크노소스 궁전도 이런 경쟁 한가운데 영국인 에번스에 의해 발굴되었다. 무엇보다 서양인들은 크노소스 궁전을 통해 유럽의 문명이 기원전 20세기까지 앞당겨지자 환호했다. 아시아에 비해 결코 뒤처지지 않는 서양문명의 원형이 발견되었다는 데 흥분했다. 이전까지 아시아 쪽에서 건너온 이주민들에 의해 그리스문명이 영향을 받았다는 의견은 이 발견으로 더 이상 크게 주목받지 못했다. 크노소스 궁전의 고고학적 발견이 20세기 초 그렇게 화제가 되었던 것은 바로 유럽인

크노소스 궁전의 서북쪽 모습, 20세기 초 당시 복원한 몇 개의 방과 벽면, 계단이 보인다.

들의 문화적 자부심과 우월성을 확인하는 계기가 되었기 때문이다.

크노소소 궁전에서 나온 유물들을 에번스는 전설적인 크레타의 왕 미다스의 이름을 따서 미노아 문명이라고 붙였다. 쏟아져 나온 유물들은 본토에서는 확인할 수 없는 대담한 색채와 자유로운 구성, 개방성 등의 이질적인 특성이 있었다. 특히 바다와 식물에서 가져온 도상은 자연주의적 특징을 잘 보여준다. 그리스 고전 시기 양식의 대칭, 조화, 균형 같은 조형가치와는 상반되는 이런 특징은 현대적 가치로 해석되기도 했다. 이를 현대미술의 특징과 연관되어 미노아 문명을 고고학에서의 전(前) 현대 양식이라고 규정했다. 특히 당시 유행하던 고전주의 양식과 차별화를 꾀하던 아르누보 성향과 연결되어 미노아 문명은 가장 오래된 문명이면서도 오히려 가장 현대적이라는 독특한 평가를 받게 된다.

미노아 미술을 보면 신의 세계를 다룬 미술에서는 다뤄지지 않던 바다와 하늘, 나무, 강, 동물을 주제로 하고 있어 일종의 토템 신앙과 유사한 자연주의 신앙에 더 가깝다. 미케네 문명이 신과 인간의 사이에서 활동하는 영웅의 시대였다면 미노아 문명은 신화적 세계가 형성되기 이전이나 형성되는 시점의 세계관이 반영되었다.

신화는 분명 인간의 시대 이전이기는 하지만 원칙적으로 인간을 기준으로 그 이상의 능력을 갖춘 초인간적 존재를 다룬다. 이것은 인간이 자신의 능력과 한계를 분명히 인지했을 때 시작하는 세계관이다. 다음으로 신과 인간의 중간체인 영웅이 등장하고 마지막으로 비극적 삶을 사는 인간이 예술의 주제가 된다.

이런 흐름이 그리스 미술의 주제였다면 미노아 문명은 좀 더 자연에 바탕을 둔 뮈토스 이전의 세계를 창조의 바탕으로 두고 있다. 미노아 문명에서 자연주의 신앙을, 미케네에서는 뮈토스 세계를, 이후에는 로고스적 세계를 다룬 예술의 변화를 따라갈 수 있다. 이것은 고대 그리스를 넘어선 예술 탄생과 변화의 보편적 흐름이기에 그 원형을 이해하는데 크노소스의 발견은 큰 의미가 있다.

미노아 문명에 대한 관심은 유럽의 지식인들에게 커다란 자극이자 새로운 영감을 제공했다. 특히 일부 지식인들은 전설 속의 대륙 아틀란티스를 미노아 문명과 동일시하기도 했는데 실제 아틀란티스에 대한 동경이 구체적인 이미지로 만들어지는 계기가 된다. 아틀란티스 문명은 근대 유럽에서 유토피아 운동의 원형을 제공하는 전설이다. 서양인들은 가장 오래된 대륙 아틀란티스의 밝고 개방적이며 자유로운 문명을 상상하며 유토피아를 묘사했다. 그들이 상상한 이 유토피아의 모습과 유사한 문명이 크레타에서 발견되자 흥분을 감추지 못한 것이다.

어릴 적 과학 잡지를 떠올려보면 단골 소재가 UFO 아니면 이집트나 잉카 문명을 다룬 고고학적 모험이었다. 아틀란티스 대륙도 빠지지 않는 소재였는데 그곳에 등장했던 그림을 생각해보면 여지없이 크노소스의 색채와 문양을 연상하게 한다. 당시 크노소스 궁전이 만든 주요 이미지는 성벽이 없는 개방적인 궁전, 대담하고 자유로운 벽화로 꾸며진 넓고 현대적인 공간에서 평화로운 삶을 영위하는 유토피아라고 할 수 있다.

크노소스 궁전의 서쪽 측면에는 창고로 보이는 몇 개의 방과 복도가 발견되었는데 여기에는 저장용 항아리가 다수 발견되었다. 항아리 내부에는 콩과 같은 식량뿐 아니라 다양한 저장물이 있었던 것으로 보인다.

크노소스 궁전의 노천극장. 극장의 규모는 상당히 커 당시 궁전의 규모를 짐작하게 한다.

이라클리온 고고학박물관의 미노아 항아리, 미노아의 항아리에는 바다 생물을 주요 도상으로 하고 있는 사례가 많다. 그중 생동감 넘치는 문어는 대표적이다. 이 문어의 표정이 아주 익살스러운 것도 있어 자유로웠던 표현 양식을 짐작하게 한다. 문어는 미케네 유적에서도 발견되어 두 문명의 교류를 확인할 수 있는 증거이다.

이런 지배적 이미지는 20세기 중반에 유행하는 아틀란티스를 소재로 한 예술과 대중문화에 큰 영향을 미치게 된다. 물론 여전히 크레타가 아틀란티스 대륙이었냐는 별개의 문제이다.

크노소스 궁전을 향하는 길은 20세기 초 방문객이 줄을 잇던 풍경을 연상하게 한다. 이라클리온에서 탄 버스는 처음으로 만원 버스를 탄 경험이었다. 먼지 날리는 길을 삼십여 분간 달리자 낮은 구릉이 완만하게 펼쳐진 곳에 유적지가 있었다.

입구 앞쪽에는 기념품을 내어놓은 가게들이 즐비했다. 가판에 내놓은 조악한 모조품은 발굴 당시 풍경과 다를 바 없어 보였다. 쏟아져 나온 유물은 당시 크레타의 골동품과 섞여 발굴자인 에번스도 구

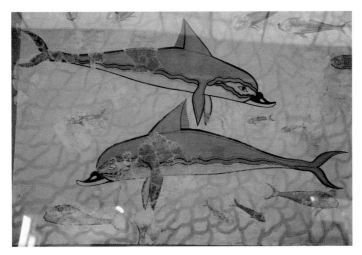

이라클리온 고고학박물관의 돌고래 벽화, 미노아 문명을 대표하는 유명한 벽화이다. 밝은 색채와 부드러운 선, 자연 소재를 택한 자유로운 크레타 문화의 특징을 보여준다.

분 못 할 정도로 모조품이 흔했다. 심지어 에번스 아래서 발굴 일을 돕던 크레타인이 모조품을 만들어 박물관에 파는 일이 기사화되기도 했었다.

유적지는 기단부와 남겨놓은 항아리 등이 4천 년 전 세웠던 궁전의 복잡했던 구조를 짐작하게 했다. 하지만 에번스가 복원한 기둥 앞에 서자 훌륭한 미노아의 기둥이 아니라 이 위대한 발굴을 상징하는 기념물로 어울려 보였다. 세기의 발견을 한 에번스에 대한 가혹한 평가일지는 모르지만 연구자 입장에서는 이 유적지를 자신의 기념공원으로 만들고자 했던 과한 욕심이 보였다.

특히 이런 최초의 발견, 학설 등을 만든 개척자는 그 자신의 이름을 새겨두려는 욕심이 생길 수밖에 없다. 연구자에게는 바로 그 명

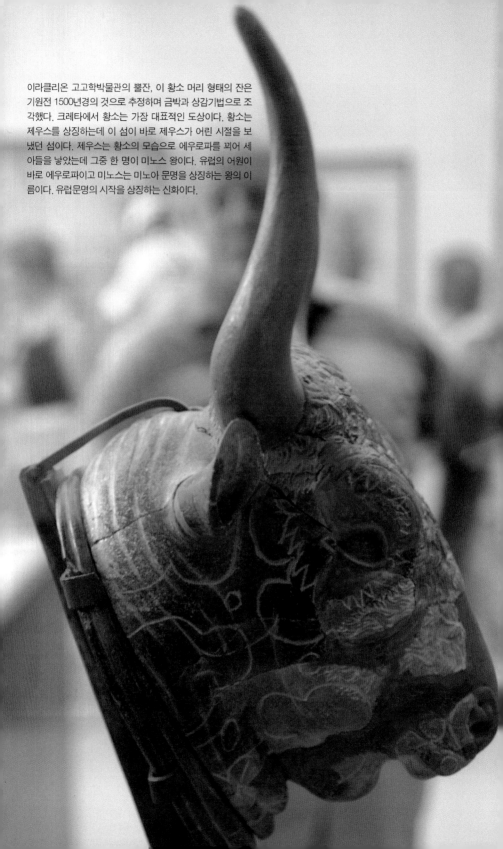

이라클리온 고고학박물관의 뿔잔, 이 황소 머리 형태의 잔은
기원전 1500년경의 것으로 추정하며 금박과 상감기법으로 조
각했다. 크레타에서 황소는 가장 대표적인 도상이다. 황소는
제우스를 상징하는데 이 섬이 바로 제우스가 어린 시절을 보
냈던 섬이다. 제우스는 황소의 모습으로 에우로파를 꾀어 세
아들을 낳았는데 그중 한 명이 미노스 왕이다. 유럽의 어원이
바로 에우로파이고 미노스는 미노아 문명을 상징하는 왕의 이
름이다. 유럽문명의 시작을 상징하는 신화이다.

크노소스 궁전의 이 벽화는 황소 뛰어넘기라는 주제를 다루고 있다. 황소는 제우스를 상징하는 것뿐만 아니라 미궁과 관련한 또 하나의 중요한 이야기, 미노타우로스와도 관련이 있다. 미노타우로스는 황소 머리를 한 괴물인데 크노소스의 미궁에 갇혀 있었다. 이 괴물은 아테네의 젊은이들을 제물로 받았는데 아테네의 영웅 테세우스에게 죽는다. 황소 뛰어넘기는 테세우스와 미노타우로스의 대결에서 시작된 일종의 종교적 의식과 관련이 있다고 해석한다.

예가 최고의 동기부여이기 때문이다. 하지만 명예를 위해 연구자로서 명예를 잊는 행위가 바로 욕심이다.

　에번스는 이전의 슐리만과 달리 발굴에서 비교적 과학적인 접근법과 치밀한 기록과 삽화, 사진 등을 남겨 본격적인 고고학 발굴을 시작했다는 평가를 받는다. 발굴로 얻은 명성에 작위까지 받은 이 개척자는 미다스 왕처럼 자신의 업적을 상징하는 것을 남겨야겠다는 결심을 한 듯 수많은 비난에도 불구하고 현대적 재료인 콘크리트

이라클리온 고고학박물관에 있는 크노소스 궁전의 모형. 박물관에는 오래전에 만들어진 궁전 모형이 있다. 궁전은 기원전 20세기의 건물로 보기 어려운 3층 구조와 현대식 위생시설, 대담한 벽화와 장식 등이 있었다. 이 박물관이 아주 오래된 건물과 전시실을 갖고 있는 데는 박물관 건립이 바로 크노소스 발굴 이후 프랑스인 가스통 아르노 장티의 기부에 의해 만들어진 역사와 관련이 있다. 이 기부 덕분에 많은 유물이 크레타에 남게 되었다. 박물관의 나무로 짠 전시장과 모형등도 눈여겨볼 만한 유물이다.

로 일부를 복원했다. 동시에 파편으로 남은 몇 개의 벽화도 동료와 함께 복원했는데 오늘날까지 그의 미숙한 짜깁기는 크노소스의 마지막 이야기로 등장하고 있다.

　미술사와 고고학 같은 오래된 대상을 놓고 거꾸로 그 근원을 따져가는 학문은 인문학적 지식뿐 아니라 때로는 상상력을 필요로 한다. 논리적인 가설로는 해결할 수 없는 모호한 상징과 도상에 직관적인 능력이 필요할 때가 있다. 한편으로는 보물 사냥꾼이라고까지 불리는 슐리만이 높은 평가를 받는 부분은 그렇고 그런 학자들과 달리 놀라운 상상력과 모험심을 가지고 있었기 때문이다. 에번스는 자신의 발굴에서 나온 유물을 좀 더 분명한 이미지로 구체화하기를 원했다.

사람들이 생각하는 밝고 긍정적인 미노아의 증거가 필요했다. 하지만 그는 자신이 발굴자이자 복원가였지 예술가는 아니라는 것을 잊었다. 그가 예술가였다면 그가 만든 이미지는 크노소스에서 영감을 얻은 훌륭한 예술이 되었을 것이다. 하지만 그는 미숙한 이미지를 가지고 보고서를 썼고 '미노아 궁전'이라는 연구 총서를 내어놓았다.

　연구자의 상상력과 예술가의 창조력은 그 대상도 다르고 추구하는 가치가 다르다. 연구자는 진리를 따르지만 예술가는 미적 가치를 따른다. 물론 둘 다 그것이 선한 방법과 목적의식이 있어야 한다. 나는 지난 몇 년간 미술사를 소재로 소설을 작업했던 경험이 있다.

연구가 아닌 창작을 목적으로 하자 쏟아지는 아이디어에 잠을 이룰 수 없던 그 흥분을 지금도 잊을 수가 없다. 하지만 막상 그 글을 출간하기 위해 서문을 적으면서 이것은 '소설을 위한 가설이다'라는 염려 가득한 당부를 몇 번이나 반복했었다. 심지어 작품후기의 제목은 '사실(寫實)과 추상(抽象)사이'였다. 이런 조바심은 가끔 예술을 대상으로 연구적 엄정성으로 평가하려는 경우와 거꾸로 연구를 대상으로 예술적 방법으로 해석하려는 방법적 오류를 어렵지 않게 볼 수 있기 때문이다.

연구자의 상상력에는 엄정한 기준과 책임이 있다. 그것을 논리적으로 입증할 수 있는 근거와 사료가 바탕이 되어야 상상력이 선한 방법으로 인정을 받을 수 있다. 에번스는 연구의 성과를 위해 예술적

에번스에 의해 복원된 서쪽 측면 옥좌의 방 위층, 에번스는 복원을 위해 콘크리트 재료를 사용해 비난과 찬사를 동시에 받았었다. 그는 유적건설자라는 별명으로 불리기도 했다.

크노소스 궁전의 복원된 남쪽 입구, 에번스는 유적 복원을 위해 여러 곳에서 발견된 도시 유적의 특징들을 조합했다. 그래서 크노소스 궁전의 복원 부분은 오히려 20세기 초 건축이라는 지적과 함께 이제는 발굴 당시의 어떤 문화적 특징을 반영한 현대 유물로 해석하기도 한다. 에번스는 발굴자이자 창조자였던 셈이다.

상상력으로 만든 이미지를 활용한 오류를 범한 셈이다. 그는 자신이 발굴자가 아니라 미노아의 창조자라고 생각했던 모양이다. 흥미로운 것은 그가 남긴 미숙한 이미지가 여전히 미노아의 대표적인 이미지로 굳어져 있다는 점이다. 그리고 미노아의 이미지는 아틀란티스의 이미지로, 다시 유토피아의 세계를 상징하고 있다. 혹 이런 소재의 영화·문학·만화를 보게 된다면 에번스가 창조한 이미지가 얼마나 지배적인지 확인할 수 있다. 그런 면에서 그는 예술가로서도 성공한 셈이다. 비록 선하지 못한 방법이긴 했지만.

크노소스 궁전에서 발견된 파편들로 복원된 백합꽃 왕자, 이 벽화는 왼쪽 허벅지, 가슴, 머리의 관 세 조각을 가지고 복원한 것이다. 이 복원은 에번스와 그의 동료 질리에롱의 상상력에 의해 복원되었다. 1960년 프랑스 고고학자 앙드레 데셴은 미케네의 부조에서 이 왕자가 쓴 관과 동일한 도상을 발견한다. 관은 사람의 것이 아니라 스핑크스의 관이었다. 현재도 이라클리온 박물관에서 가장 중요한 자리에 위치한 이 벽화는 수많은 논란을 낳은 화제의 유물이다.

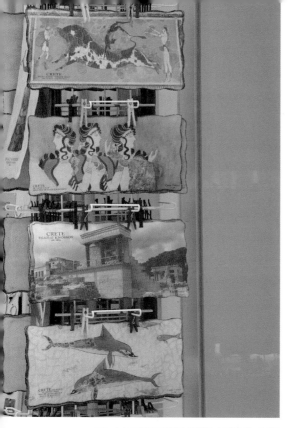

크노소스 궁전의 대표적 유물을 소재로 한 기념품

미노아의 문어 항아리

크노소스의 양손에 뱀을 든 여신상

크노소스의 벽화, 파리의 여인

크노소스의 미노아 벽화

크노소스의 에번스 경

크노소스 궁전

미궁迷宮에 빠지다
이라클리온, 크레타

그는 언제나 제 고향과 다른 태양에 아쉬움을 토로했다.

그의 고향은 바다를 나서면 적(敵)이 되어야 하는 크레타였다.

무력한 적이 되어 다시 돌아와 깃대를 세운 곳,

푸른 지중해가 있다.

다행히 바람도 있다.

크노소소소의 미궁에 대한 기대를 거둔 다음 날이었다. 크레타의 5월은 이미 여름 날씨였다. 한적한 유적지를 향하던 느긋한 발걸음 대신 크레타의 대도시에서는 부지런하게 아침을 준비해야했다. 매일 새벽길을 나설 때마다 마주했던 서늘함은 섬에 도착한 그날 이후 사라졌다.

자동차로 가득한 박물관 부근 로터리를 지나자 오래된 성곽 아래 길이 이어졌다. 성곽은 베네치아가 남겨놓은 메갈로 카스트로의 일부인데 공원에서 마을의 축대로, 테니스장의 한쪽 연습 벽면으로 계

이라클리온은 크레타의 중심도시이다. 도시의 이름은 이 섬에 과업을 수행하러 왔던 헤라클레스에서 따온 것으로 5월이면 많은 관광객으로 여름 시즌이 시작된다. 한낮의 열기를 피해 이른 아침부터 광장 주변은 사람들로 북적였다.

속 이어졌다. 나는 그것이 이 도시의 미궁일 줄은 생각지 못했다. 끝도 없이 이어졌다고 생각하는 순간 깨달았다. 이라클리온은 지중해로 났지만 한 번 발을 들이면 나갈 수 없던 도시였다. 크레타의 주인이 베네치아에서 투르크로 다시 그리스로 바뀌는 동안 성벽은 더 높아지고 굳어졌다. 이 도시의 사람들은 바다로 들어왔지만 바다로 들어오는 다음 적을 향해 문을 걸어 잠그는 숙명을 받아들여야 했다. 그리스인 조르바의 저자 니코스 카찬차키스도 이 섬에서 태어났지만 섬을 나서는 순간 적(敵)이 되었다. 그는 숨을 거두어 제 자신이

이라클리온 역사박물관에 있는 도시 모형, 베네치아인들이 세운 메갈로카스트로는 지금도 거의 완전한 형태를 갖추고 도시를 둘러싸고 있다. 베네치안인들은 1204년부터 1669년까지 이 섬을 지배하면서 에게 해의 해상권을 장악했다. 그리고 크레타도 완전히 가두어두었다.

무력한 자임을 증명하고서야 다시 돌아올 수 있었다.

　이른 아침 길을 나섰지만 한낮이 되어서도 파문당한 그의 십자가를 찾을 수 없었다. 복잡한 미궁 대신 환형의 성곽을 따라 계속 걸어야 했다. 이라클리온의 성벽은 그저 안과 밖을 나눈 것일 뿐인데 어떤 길보다 지치게 만들었다. 길을 감춰두는 것이 아니라 나갈 수 없음을 보여주는 것만으로도 희망을 잃는 법이다. 단지 경계를 나누었을 뿐인데 내부의 사람들에게는 나갈 수 없는 체념을, 외부인에게는 돌아갈 수 없는 그리움으로 굳어버리게 된다. 겨우 안과 밖을 오가는 뚫어둔 통로를 만났다. 약간의 허기와 태양에 지친 채 드디어 성을 빠져나갈 수 있었다. 희망 없는 체념보다는 그리움이 나을듯했다. 그래, 안에서는 결코 갈 수 없는 곳은 밖이다. 그는 철저히 배척당했던 것이다.

　하지만 카잔차키스가 묻힌 곳은 정작 밖도 아니었다. 뱀 똬리처럼 말아둔 '성벽 위'에 그는 자리하고 있었다. 여기가 성 안인가? 밖인가? 나는 한나절을 그 아래 벽을 따라 헤매고 있었다. 오직 안과 밖만 보고 그 사이, 모호한 경계에 위치한 회색지대는 보지 못했다. 묘지는 그가 사랑했던 크레타가 전부 보이는 자리이다. 파문당한 자의 무덤에 세운다는 나무 십자가와 소박한 덮개, 지중해의 남풍이 불어오는 이곳에서 그는 정말 자유인이 되었을까. 그는 생전에 이단으로 낙인 찍혔던 자이다. 늘 경계에 서 있던 자, 그 덕에 그는 오히려 자유로웠다. 어디 한 곳 머물 데 없었지만 어디든 갈 자유도 있었다.

　크레타의 바다는 내해이다. 크레타는 이 땅의 문명이 아니라 바다

니코스 카잔차키스의 무덤은 이라클리온의 성벽 위에 있다. 그는 여전히 경계선에 서 있다. 택시를 타면 금방이지만 걸어서 찾아간 길에는 크레타인으로 태어난 그의 숙명을 상징하는 높은 울타리가 있었다.

카잔차키스의 묘는 파문을 당한 이유로 아테네에서 매장을 거부당하고 고향 크레타로 왔으나 그나마 성곽 위에 묻히게 된다. 크레타의 두려움을 상징하는 성곽 위에 십자가를 세운 것은 의미심장하다. 성곽 위에는 지중해가 보이고 바람은 한껏 불어왔다.

의 문명이다. 크레타인들은 바다를 두려워하지 않고 저 바다로 나섰다. 흩어져 있는 에게의 섬이 모두 크레타의 품이었다.

크레타는 1204년 베네치아에 점령당한 뒤 1913년이 되어서야 그리스 본토와 병합되었다. 길었던 베네치아 식민지 시대 칸디아 (candia)로 불렸던 크레타는 가장 오래된 축복받은 미노아 문명의 발생지였지만 역사시대에는 늘 욕망이 들끓는 혼란스런 땅이었다. 이 역사는 바다를 두려워하며 시작되었다. 이라클리온의 앞바다에는 끊임없이 포를 앞세운 욕망의 배들이 나타났다. 사람들은 바다에서 오는 자들을 두려워했다. 이방인들은 제 가진 것이 아까워 어리석게 바다를 버리고 좁은 땅을 택했다. 그때부터 크레타의 싱싱한 문명은 빛을 잃어갔다. 메갈로 카스트로는 그 두려움이 낳은 장막이다. 바다에서 오는 사람들을 기꺼이 받아들였을 때 크레타는 바람을 타고 바다로 나섰지만 바다에서 오는 사람들이 두려워지자 바람조차 막아선 성곽 아래 몸을 숨겨야 했다.

두려움은 근대에 대학살의 비극으로 이어졌다. 정교회 신자와 회교도들이 뒤섞이며 다시 회교도가 된 크레타인, 그리스어를 쓰는 투르크인 등 이 섬은 하나로 정의할 수 없는 모호한 땅이 되어갔다. 대학살의 희생자는 투르크인도, 그리스인도 아닌 회교도 크레타인, 정교도 크레타인이었다.

크레타인에게 이중성은 태어날 때부터 숙명이었다. 그들은 그리스인이었지만 크레타인이었다. 동시에 투르크와 크레타 두 개의 얼굴을 가지고 있었다. 투르크인을 경멸했지만 그들의 얼굴에는 이미적(敵)의 얼굴이 있었다. 또한 바다 사람이었지만 바다에서 오는 모든 것을 두려워했다. 대학살, 내전 등으로 크레타인들은 제 이웃과 가족을 죽이고 묻어야 했다. 카잔차키스는 그들의 아들이자 아버지였다. 자신이 바로 혼돈 속에서 태어났기에 이중성과 모호함은 그에게 숙명이었다. 그의 고민은 관념적인 고뇌가 아니라 현실의 이데올로기와 부조리함에서 시작되었기에 더 절박했다. 살아 넘치는 조르바의 생명력은 바로 이 비극적 시대를 살아간 그리스인의 이중성에서 탄생한 것이다.

카잔차키스는 크레타에서 태어난 그리스인이었지만 조국 그리스

크레타인의 다양한 얼굴, 이라클리온에는 크노소스 유물을 소장한 고고학박물관이 유명하지만 역사박물관도 찾아가 볼 만하다. 고고학박물관이 고대 문명을 다룬다면 역사박물관은 지금까지 이어지는 크레타의 역사와 비극을 생각하게 한다. 여기에는 크레타인의 얼굴을 모아둔 전시물이 있는데 크레타의 역사를 상징한다. 사진에는 정교회 사제, 베네치아인의 얼굴을 한 아이, 히잡을 한 회교도 여성 등 다양한 얼굴의 크레타인을 볼 수 있다.

니코스 카잔차키스의 서재. 이 서재는 역사박물관에 재현되어 있다. 실제 생전의 가구와 책들을 가져와 전시실로 꾸며놨다. 한쪽 벽면에는 수많은 언어로 번역된 그리스인 조르바의 표지가 전시되어 있다. 여전히 생명력을 잃지 않는 그의 문학적 바탕이 바로 여기 크레타에 있다.

에서 가장 외면당했다. 그는 격정적이었고 열정적이었다. 한때 그리스 과도정부의 장관도 역임했지만 스스로 정한 자신의 운명, 서사시 오디세이아처럼 방랑자로 살았다. 지중해의 도시들과 파리, 러시아의 차가운 혁명까지 그가 가지 않은 곳은 없었다. 니체와 베르그송, 단테와 붓다, 그리고 그의 친구 조르바가 그를 전부 말해줄 수는 없을 것이다. 신성을 모독했다는 이유로 조국의 교회는 그를 비난했고 가톨릭은 그의 책을 금서목록에 올렸다.

그는 온전한 인간의 모습을 꿈꾸었다. 치열하게 사고하며 제 자신을 온전히 만들고자 투쟁하는 인간이어야 했다. 그 인간은 아폴론의 이성과 디오니소소의 격정을 다 가진 존재였다. 그렇다면 그자가 초인적 존재였을까? 교회의 심기를 건드린 것은 그가 스승으로 모셨던

"나는 아무것도 바라지 않는다, 나는 아무것도 두려워하지 않는다. 나는 자유다." - 니코스 카잔차키스 묘비

니체의 경우와 마찬가지다. 세계의 질서를 유지하는 인간과 파괴하는 인간 모두를 꿈꾸었기 때문이다.

바다에서 건조한 아프리카의 바람이 불어왔다. 바짝 타버린 머리칼이 제멋대로 엉키어갔다. 답답한 성벽 아래에서는 만나지 못했던 지중해의 바람신이 여기에 있었다.

그 얼마나 다행인가. 그를 성안에 가뒀다면 그의 십자가가 깃대처럼 세워졌겠는가? 저 아래 스스로 갇혀 지낸 자들과 달리 그는 스스로 경계선에 서 있다. 스스로 남긴 묘비 글에서처럼 그는 아무것도 바라고 남기지 않았으나 자유를 얻었다.

답답했던 이라클리온의 한나절은 그가 마지막으로 얻은 자유 덕에 위안을 받았다.

이라클리온 거리

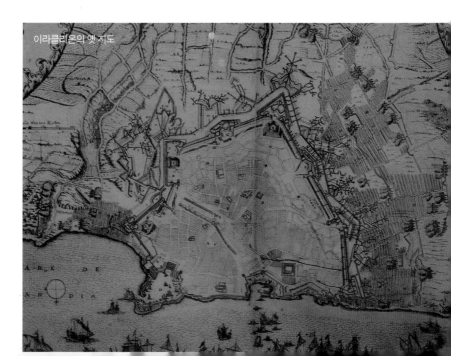

이라클리온의 옛 지도

근대 독립운동 시기 깃발

다양한 언어로 출간된
『그리스인 조르바』

근대에서 현대까지 크레타의 수난을 다룬 도서

조르바의 불덩이
피라, 테라(산토리니)

황금을 구하는 법,

조르바는 그 케이블에 통나무가 아닌
황금을 담을 수레를 달았어야 했다.
그리고 크루즈에서 내리는 부자 노인들을 넉살로 꾀어
차곡차곡 실어 보내면 된다.
노새가 영 심심해 보인다면
올라타 노래를 부르며 마을로 돌아가자.

조르바는 황금을 얻고
노인은 다리가 편해서
노새는 노래를 들어 좋을 일이다.

테라 섬에 도착한 지 사흘이 지났다. 매일 늦잠을 잤고 점심을 먹기 전까지 책을 읽으며 시간을 보냈다. 오후가 되면 마을 여기저기를 기웃거리다 방을 들여다보던 고양이라도 만나면 꽁무니를 쫓아다녔다. 이 섬에는 유명한 이름이 하나 더 있는데 산토리니라고 불린다. 어느 날부터 지중해의 수많은 섬을 밀어내고 가장 유명해진 그 섬이다. 그런 유명세에 삐딱한 구석이 있는 나는 애초 테라를 대신해 로도스 섬으로 가려고 했으나 비수기에 애매해진 배편 때문에 크레타와 가까운 이 섬에 불시에 상륙했다. 이 섬에 올 때는 여행의 마지막 시간을 아무 생각 없이 쉬어야겠다는 마음이었다. 돌아가는 날까지 고집스레 걷다가는 더 마음이 초조해질 것 같았다. 꽤 오랜 시간이었지만 여행은 언제나 정해진 기한이 있다. 돌아가는 날이 없다면 여행이 아니지 않은가. 그것은 다시 일상이다.

피라 마을의 풍경. 피라 마을은 섬의 중심지로 새로 지어진 항구에서 20여 분 거리에 있다. 마을은 화산활동에 의한 거대한 칼데라 위에 있다. 항구와는 셔틀버스로 운행되며 마을 아래에는 옛 항구가 있다. 이 오래된 항구는 크루즈나 범선 등의 관광용으로 이용되고 있다.

그리스에는 거리에 아무렇게나 누워있는 개들이 흔하다. 테라에서도 마찬가지인데 여기는 고양이도 많은 것이 특징이다. 개는 시간 대부분을 자고 있는데 반해 고양이들은 좀 더 활동적이다. 특히 으슥한 골목에 가면 갑작스레 고양이들이 몰려들기도 한다. 사진의 고양이는 며칠 동안 내 방 앞에서 더위를 식혔던 녀석이다. 알고 보니 꽃밭에서 주로 소일하는 낭만 고양이였다.

에게 해의 섬은 한겨울을 제외하고는 유럽인들의 휴양지로 늘 사람들이 찾는다. 맑은 날과 충분한 태양은 하루가 아쉬운 여행자들에게 축복이다. 테라 섬 날씨는 머물렀던 기간 내내 하루도 빠지지 않고 이렇게 빛났다.

마을은 일찍 지중해를 찾아온 관광객들로 북적였다. 식당은 자리가 채워져 있고 아름다운 풍경을 자랑하는 카페들은 발길을 잡을 만했다. 여기는 화산 폭발로 세워진 절벽 위에 마을을 세우고 그 아래로 조금씩 내려가며 세운 마을이다. 그래서 대부분의 집은 입구가 위에서 시작해 절벽을 내려가며 층을 이루고 있다. 묵었던 숙소도 청년 몇이 같이 운영했는데 늦은 오후가 되면 두어 명이 아래쪽 절벽에 건물을 짓고 있었다. 지중해의 볕에 집은 하얗게 칠해 검은 화산암 위에 하얀 크림이 묻은 것 같다. 단순히 예쁜 사진을 찍으려면 더할 나위 없다. 지독하게 칠한 하얀 벽과 푸른 지붕, 소박한 화분, 깨끗한 테이블, 어디서든 배경이 되는 바다와 조명이 되어주는 태양까지 충분하다. 조금 알려진 상단의 숙소는 이미 여름까지 예약을 마쳐 충분히 외진 곳에 숙소를 잡았더니 매일 부지런히 오르내려야 했다. 물론 피라에서 숙소는 어디든 비슷한 풍경을 제공하니 달리 아쉬울 것은 없었다.

테라 섬의 건물구조는 위에서 아래로 절벽을 따라 내려가기 때문에 골목에서 보이는 부분이 상단 지붕이다. 호텔이나 카페가 아니더라도 이런 식으로 장식물을 둔 집들이 많다. 다녀보니 이 장식물이 하얀 칠을 한 집들을 구별하기 위해서 이름표를 달아놓은 역할이었다. 복잡하게 얽혀 있는 골목에서 위치를 확인하려면 이런 장식물을 유심히 보고 다녀야 한다.

문을 열고 들어서면 아래의 바다를 배경으로 아름다운 풍경이 펼쳐진다. 이런 풍경은 몇 개의 카페가 아니라 칼데라 절벽에 있는 모든 건물에서 다 볼 수 있다. 테라의 마을은 대부분 해가 지는 서쪽을 향해 있기 때문에 매일 석양을 배경으로 시간을 보낼 수 있다.

셋째 날 아침이 되자 더 이상 잠도 오지 않아 일찍부터 테라스에서 아래 항구를 내려다보고 있었다. 어제 온 크루즈선이 떠나자 조용해졌다. 분주함이 사라진 것을 확인하자 천천히 칼데라 절벽 가장 아래 올드포트를 향해 걸어갔다. 계단은 나선형으로 이어져 있고 계단 사이에는 노새의 오물이 두텁게 다져져 있었다. 노새들은 그저 묵묵히 계단 아래에 서 있었다. 묶여 있는 것인지, 제자리인 양 서 있는 것인지 솔직히 모르겠다. 줄이 있기는 하나 묶어두지도 않았으니 노새는 그냥 서 있을 뿐이다. 슬그머니 장난을 쳐도 고집스레 한곳을 응시할 뿐이다. 노새 주인들은 지팡이 하나씩을 들고 새로 들어올 배를 기다리고 있다. 어제도 그랬고 오늘도 그랬다.

노새의 머리 위로 케이블이 지나가고 있다. 그것을 보며 왜 조르바의 그 케이블이 생각났을까. 수직에 가까운 경사면에 늘어진 케이블에서 왠지 불타오르는 통나무들이 쏟아져 내릴 것 같다. 기발한 아이디어라며 황금을 가져다줄 그 케이블이 여기 세워져 있었다. 조르바와 두목은 산에 있는 통나무를 케이블을 이용해 해변에 내려 팔 생각을 했다. 하지만 케이블은 하늘에서 벼락이 내리듯 다 부숴버렸다. 성부의 이름으로, 성자의 이름으로, 성신의 이름으로, 그리고 성처녀의 이름으로 마구 퍼붓던 그 벼락같은 장면은 이제 빈 수레가 되어 쉴 새 없이 오르내린다.

올드포트로 내려가는 계단 아래와 위에는 노새들이 항상 수십 마리씩 있다. 말을 걸어도 아무런 반응이 없다. 귀한 재산인 듯 머리마다 각기 다른 표식을 하고 있다.

올드포트에서 피라 마을까지는 절벽을 오르는 계단이 이어진다. 아주 오래전부터 노새들은 이 계단을 이용해 사람과 물자를 날랐다. 이제 새 항구와 케이블카가 생기면서 노새는 관광객들만 태우고 있다.

올드포트와 피라 마을을 연결하는 케이블카, 섬은 지중해의 크루즈선이 거쳐가는 주요 관광지이다. 크루즈선은 올드포트에 정박하고 하루 이틀을 머물다 떠난다. 거의 매일 새 크루즈선이 들어오며 케이블카는 그들을 태우기 위해 만들어졌다.

푸른 바다에 하얗게 빛나는 크루즈선은 마치 황금을 가득 실은 궁전 같다. 매일 들어오는 크루즈에서 오고 가는 연락선들은 손님을 쏟아내고 노새는 노새의 방법으로, 케이블은 케이블대로 사람들을 등에 태운다.

조르바가 통나무 대신 크루즈의 노인들을 태워줄 생각을 했다면 그는 황금을 얻었을 것이다. 책벌레 두목과 아쉬운 이별도 하지 않았을 것이다. 날이 갈수록 그저 서 있을 시간이 더 많아지는 노새는 오래된 항구와 계단이 세계의 전부이다. 벼락이 내리치자 도망가기 바빴던 노새들이 결국 돌아올 곳은 이 계단이다. 노새와 계단, 아주 오래된 장면이지만 케이블은 낯설다. 황금을 실어 나르는 수레가 여기 섬에도 세워졌다.

이제 올라갈 일이 남았다. 오래된 노새를 탈 것인지, 조르바의 케이블을 탈 것인지 고민을 했다. 수레에 실어 올릴 황금인지, 노새를 탈 사람인지 구별이 필요했다.

노새의 얼굴을 한참 들여다봤더니 등에 올라타 웃는 일은 더 못할 일이다. 나는 노래하는 조르바가 아니라 황금을 들고 이 섬에 찾아온 이방인이다. 그래도 제 처지를 잘 안다.

대부분 바닥이나 절벽을 보고 서 있는 노새 중 유독 한 마리만 바다를 보고 있다. 세계의 전부가 계단만이 아니라면 이 녀석은 조르바의 노새로 충분하다.

피라 마을

섬을 소개하는 책자

노새의 그늘을 즐기는 개

검은 모래의 카마리 해변

에게 해를 잇는 페리

눈이 멀다
이아, 테라

그리스인의 검소함은 어느 날 풍경이 되어 버렸다.
일상의 가난과 곤궁함은 낭만으로 칭송받았다.

없는 살림을 들여다보는 것이 고양이 따위만이 아니니 염치없다.
고양이는 남의 집 기웃거릴 때 소리를 내지 않는다.

섬에 대한 불편한 기억이 있다. 이 섬에는 아주 유명한 마을이 있는데 섬의 끝에 있는 이아 마을이다. 이아는 산토리니라는 이미지를 만든 수많은 영상물의 배경이 된 곳이다. 이아 마을로 가는 버스에는 주말을 맞아 여행자들이 넘쳐났다. 섬 안쪽으로 난 길을 버스가 달리자 그림처럼 아름다운 바다 풍경과 달리 척박하고 특색 없는 황무지가 이어졌다. 농사짓기도 어려운 검은 땅이 완만하게 이어졌다.

관광객에 소란스런 버스 한쪽에는 조용히 입을 다물고 삶을 살아가는 섬사람들, 버스 창에 기댄 채 무표정한 아이도 있었다. 이아 마을에 도착하자 아이들은 여행자들과 반대로 걸어갔다. 바다 쪽이 아닌 안쪽 들판으로 향했다. 그 아이들의 뒷모습을 잠시 바라보았다. 종종걸음으로 걷던 아이들은 잠시 후 장난을 치며 뛰기 시작했다. 안도감이 들었다. 수니온의 차장처럼 소년이 소년의 얼굴을 숨기듯 아이가 아이의 얼굴을 감추려 드는 것만큼 안타까운 일이 어디 있겠는가.

이아 마을의 풍경. 마을은 한 시간여면 다 돌아볼 정도로 작지만 사진을 찍을 만한 풍경은 넘쳐난다. 낭만적인 분위기를 좋아하는 이들에게는 더없이 훌륭한 여행지다.

이아 마을 골목에는 아기자기하게 꾸민 기념품, 갤러리가 많다. 특히 수채화나 수공예품을
만들어 파는 곳에 관심을 가져볼 만하다. 풍경과 잘 어울리는 개성 넘치는 곳이 많다.

섬의 풍경은 일상의 검소함이 만든 풍경이다. 푸른 바다와 강한 태양에 더 챙길 것도 없는 가벼운 삶, 그대로다. 낡은 의자와 삐걱거리는 창문, 몇 번을 칠해 두꺼워진 문, 달리 살림살이 없어 작은 공간, 소문난 산토리니의 하얀 풍경은 이 섬의 척박한 땅에 절벽을 타고 내려간 고단함이 낳은 풍경이다. 몇 번의 화산분출과 지진이 지나간 섬의 풍경은 그래서 단출하고 검소하다. 테라스에 덩그러니 놓은 야생화 화분만으로도 단조로운 풍경이 빛나는 이유였다.

이제는 그 고단한 집들이 하나 둘 호텔이 되고 카페가 되어 삶의 곤궁함 대신 낭만적인 풍경으로 변하고 있다. 대부분 호텔로 사들여지고 남은 집의 빨래와 볼 것 없는 살림살이는 여기 온 자들을 부끄럽게 한다. 예외 없이 여행자들은 가난한 살림을 관광하러 온 염치없는 자의 모습이다. 아무 곳에나 카메라를 들이대고 제집 드나들듯이 들여다보는 사람들의 모습에 갑작스레 걱정되었다. 골목을 기웃거리다 빨래 널러 나온 여인을 마주했을 때 생각 없이 히죽거리며 인사를 건네지는 않을는지 조바심이 들었다.

제 사는 곳을 그리 기웃대며 깨진 조각으로 맞춘 화분에 감탄하는 관광객들을 보는 마음이 어떠할까. 사람 사는 곳이라고 적어놓은 집을 보고 사람이 살고 있다고는 생각할까. 여행자라는 낭만과 모험심으로 나는 이 섬의 고단한 일상을 미화하지 않았는지 다시 물어본다.

이 마을은 그저 하얗게 칠해버린 무던한 사람 사는 마을이었다. 이제 기웃거리는 구경은 더 할 수 없었다.

이아 마을의 유명한 풍경에서 복잡하게 얽힌 아래쪽 골목으로 내려가면 여전히 주민이 사는 집들이 몇 채 있다. 골목에는 사람 사는 흔적이 있고 어느 집에는 아예 개인 공간이라고 표시를 해둔 곳도 있다. 그들의 빨래도 풍경이 되는 것을 낭만이라고 해야 하는지는 모르겠다.

오후가 되자 난데없이 소용돌이치는 바람이 여러 번 지나갔다. 얼른 눈을 감았지만 아무래도 뭐가 들어간 모양이었다. 시간이 지날수록 눈이 충혈되고 더 이상 다니기도 어려웠다. 물어서 하나 있다는 약국을 찾았지만 문을 닫았다. 이제 한시를 갓 넘겼는데 오후 세시에 다시 문을 연다고 메모가 붙어 있다. 한참을 약국 건너 그늘에 웅크리고 있었다. 생각해보니 뭐가 들어간 게 아니라 태양에 눈이 부셔서 그런 건지 아니면 온통 하얗게 칠한 집들에 눈이 멀어서였을까, 분명한 건 풍경이 불편해지자 눈이 멀었다. 뭐가 들어가지 않았어도 눈이 불편할 만했다. 젊은 약사는 충혈된 채 부은 눈을 보더니 익숙하게 안약을 넣어주며 물었다.

"선글라스를 끼고 있었나요?"

"네?, 시력이 나빠서 뭐든 쓰고 있어요."

약사는 내 표현이 이상했는지 웃음을 짓는다.

"한 번씩 당신같이 뭐가 들어갔다고 오는 사람들이 있어요."

"아, 그래요? 자주 있나요?"

"음, 여름에는 하루에 한두 명은 있어요."

나는 약사의 말에 안도했다. 그저 뭐가 들어가서 온 사람들이 아닐 거라고 믿고 싶었다. 마을 여행은 그렇게 끝났지만 눈보다 불편했던 마음을 생각하면 더 큰 약을 받은 듯했다. 다시 충혈된 눈에 뭐든 쓴 채 버스를 기다리며 아이들이 향했던 쪽을 보고 앉았다. 약사는 이 섬이 유명해지면서 관광객들을 따라 들어온 외지인들이 칼데라 쪽의 집을 다 사들였다고 한다. 주민은 칼데라 반대편으로 집을 옮겨갔다고 한다. 그 아이들의 집이었다.

생각해보면 마을이 아름다운 것은 칠한 색과 지붕이 전부가 아니었다. 그렇게 칠하고 살아가는 '그리스인'의 마을이었기 때문이다. 사람이 만든 집에서 정작 사람은 사라지고 이미지만 넘쳐난다. 이제 더는 가난하고 검소하지 않은 호텔주인이 가져다 놓은 화분과 칠이라면 이 섬이 주는 아름다움은 어디서 찾을 것인가?

남은 것은 붉은 석양이 내리는 저 하늘이다. 강렬한 빛에 바래지 않을 색을 고른 것이 하얀 칠이니 우리가 감동해야 할 대상은 집이 아니라 태양이다. 가만히 보니 아이들의 집에도 태양은 빛나고 석양의 그림자도 기울어졌다. 그리스인이 살고 있는 집은 저기 저 집이다.

이아 마을 반대편의 마을, 드문드문 지어진 집들이 예전 마을에 살던 사람들의 집이다. 제 마을은 이방인에게 내주고 아이들은 저 들판을 향해 뛰어갔다.

이아 마을의 갤러리

이아 마을

Epilogue - 다시 바라보다

사람이 사람의 길만 간다면
어디 아쉬움이 남겠는가?
걷고 또 걷다
오를 수만 있다면
걷지 않을 자 또 누가 있겠는가?

다시 바라보고 다시 떠나다.

갈매기 두 마리가 저 아래 올드포트에서 날개를 펼친 채 서서히 날아오른다. 한 차례의 날갯짓도 없이 바람을 날개에 실어 원형을 그리며 수직의 칼데라를 오른다. 나는 하루에도 몇 번씩 그 모습을 보며 감탄한다. 날개 아래 바람에 갈 길을 맡겨놓은 새, 지중해의 태양이 선물한 일상의 관대함과 삶에 대한 태도를 생각하게 한다.

그 아래 바다는 스스로 파도를 삼키는지 어떤 소리도 없이 조용히 빛나고 있다. 에게 해는 조용히 빛나는 바다이다. 잔잔하게 퍼져가는 늦은 오후가 되면 바다는 붉게 물들었다. 해가 뜨는 것인지, 해가 지는 것인지 구별하기 어렵다.

시간이 되면 어김없이 울리는 예배당의 종소리가 늦은 오후임을 알린다. 뜨거운 태양이 가라앉고서야 면도를 하고 집을 나서는 사람들, 그리스의 오후는 새로 시작하는 하루이다. 해가 지지만 하루의 시작은 지금부터이다. 일출과 일몰이 헷갈렸을 만하다. 저기 저 해

피라 마을의 석양, 서쪽을 향해 난 마을 앞으로 매일 붉게 노을이 진다. 노을이 진 부분은 현재도 화산 활동이 있는 섬인데 노천의 해수온천이 있다. 붉은 태양이 마치 불타오르는 화산 같다. 테라 섬의 화산폭발은 주변 지역에 큰 영향을 미쳤는데 사라진 대륙 아틀란티스와의 연관성에 주목받는다. 기원전 1500년경 테라 섬의 화산폭발은 인근 크레타 섬의 미노아 문명의 쇠락에 결정적 요인이 되었다고도 전해진다. 지금도 많은 유럽인은 그때 파괴된 테라 섬과 미노아문명이 바로 아틀란티스 대륙이라고 믿고 싶어 한다. 실제로 테라 섬이 아틀란티스의 일부분이라는 믿음은 영화 같은 다양한 대중문화에 자주 등장하는 소재이다.

는 지중해의 늦은 하루를 시작하는 해였다.

나는 이곳에서 매일같이 장엄한 일몰과 바다를 볼 수 있었다. 호메로스가 마치 포도주를 풀어놓은 듯하다고 묘사한 그 바다였다. 한 척의 범선이 그어놓고 간 흔적 위로 태양이 지면서 피어나는 꽃처럼 붉게 너울진다. 더 너울져 꽃잎을 만들어간다.

이런 시간을 원했다. 매일같이 벌어지는 기적 같은 장면이다. 하루도 거르지 않고 어김없이 바다는 빛나고 태양은 극적인 이별을 고한다. 일상의 거친 투쟁과 피곤한 입씨름 대신 거두지 않고 놔둔 수많은 이야기가 다음날에도 펼쳐진다.

스무 살의 청춘에 맞닥뜨렸던 빛은 십수 년이 지나 받아 마셨다. 그들이 왜 고향의 바다와 태양을 그리워했는지 이제 짐작이 간다. 오래전 자신과 마주한 넘치는 시간, 그 고요한 지중해의 시간을 그리

위한 것이다.

피라에서 머물렀던 숙소는 칼데라 아래로 내려간 곳이었다. 작은 테라스에 앉으면 바로 아래는 절벽이다. 매일 아침 바다가 깨어나는 광경을 목격하고 오후가 되면 어김없이 빛나는 태양을 마주했다. 충분히 책을 읽고 한참이나 지중해의 햇빛을 받아 마셨다. 지중해에서 가장 의미 있는 시간은 바로 오후였다. 시간에 쫓겨 종이 한 장으로 덮어두던 궁색함 대신, 자신과 대면하고 온갖 물음들을 풀어놓은 채 천천히 거두어들이는 시간이다. 어제 오후부터 일광욕으로 하루를 보내던 아래 호텔의 남자는 맥주를 들어 보인다. 적당한 바람과 빛,

피라에서 묵었던 숙소 칼데라. 이 숙소 양옆
으로 유명한 호텔이 있지만 전망은 어느 곳
이든 다를 바 없다. 풍경은 언제나 충분하다.
지중해의 섬에서 가장 값진 시간은 자신을
마주하는 오후이다. 그 오후는 테라스에 내
어놓은 의자면 충분하다.

조용한 바다에 아주 만족스러운 표정이다.

니체가 예술 탄생의 배경으로 지목한 그리스인의 이중성은 마치 기쁨과 슬픔 같이 인간이면 누구나 가지는 것이었다. 다만 그들의 일상에서 날것처럼 살아 있다는 점이 달랐다.

부활절, 여인의 눈물과 아이들의 꽃에서 본 기독교와 신화의 공존,
케라메이코스의 오래된 묘비가 주는 삶과 죽음에 관한 근원적 묵상,
아이게우스 바다 앞에선 빛과 무력감,
그리스인의 두 개의 이름, 마리아와 오디세우스,
미케네와 미스트라스의 헐벗은 정오와 충만한 오후,
법과 다이몬의 소리,
신화적 세계와 이성적 세계의 공존, 뮈토스와 로고스,
예술탄생의 두 이름, 아폴론과 디오니소스,
검은 태양과 하얀 고독,
메테오라에 올린 고난과 깨달음,
광기의 조르바와 지식인 카잔차키스,
크레타인의 얼굴에 남은 두 개의 얼굴,
테라의 빛나는 태양과 가난한 살림,

마리아와 오디세우스가 한 남매의 이름일 수 있는 그리스인은 분명 두 개의 얼굴을 가지고 있다. 하지만 두 개의 얼굴은 한 사람의

좌 · 우 표정과 같다. 다른 방향으로 등을 지고 가는 배타성이 아니라 하나의 태양을 마주 보고 걷는 향일성(向日性)이다.

여기서 중요한 것은 하나의 태양에 시간을 맞추는 일이다. 태양은 이상이며 마주 보는 얼굴은 현실이다. 플라톤이 이데아계(이상)와 현실계로 구분한 명쾌한 세계가 그리스인에게 여전하다. 그들의 이중성은 하나의 이상에 연결되어 있으며 모호함의 정체는 불확실성이다. 불확실성은 예측할 수 없는 파괴력을 가지고 있다. 파괴는 창조의 또 다른 이름이며 아폴론과 디오니소스의 두 얼굴과 직접 연결된다.

이도 저도 아닌 애매한 균형이 아니라 놀라운 반전을 만드는 비극과 같은 극적인 장면이다. 이중성과 극적인 모호함은 검은 태양이 되고 하얀 고독이 되어 삶을 깨닫게 하며, 순간순간 빛나는 예술 탄

지중해의 아침, 에게 해는 북아프리카에서 바람이 불어온다. 한낮은 여유로웠지만 밤은 다시 시작될 일상에 뒤척였다. 밤새 내 마음을 떠보는 바람에 창문을 몇 번이나 확인해야 했다.

생으로 이어진다.

"여행을 귀중하게 만드는 것은 바로 두려움 때문이다." – 『안과 겉』, 알베르 카뮈.

내게 그리스 여행과 일상의 시간 역시 오랫동안 이중적이었다. 하지만 두 개의 시간이 서로에게 아무런 영향을 주지 못하는 것이 부끄러워 글을 적는 것을 주저했다. 그 이중성에서 무언가 탄생한다는 것을 확인한 이상 내 아폴론, 디오니소스적 시간을 더 귀중하게 만들고 싶었다. 일상의 삶이 그리스에서 걸음보다 못하다는 두려움, 그 삶이 습관처럼 이어진다는 사실, 이 부조리함을 깨달았으니 조르바

의 면박을 모른 척할 수 없었다. 충고대로 책을 태워버리든, 더 책을
열심히 들여다봐야 했다.

다시 떠나고 다시 시작한 일상에는 모든 것이 과도했던 열망과 용
기가 있었다. 서늘한 얼굴의 당신에게도 디오니소스의 열정이 보인
다는 아내의 칭찬을 들은 크레타의 오후가 가끔 생각난다.

그날 "더 당신답다"라는 말을 듣는 순간 여행은 귀한 기억이 되었
다. 나는 이제 과도한 열정도 어울리는 사람이다. 조르바에게 불쏘
시개로 책 태워버리란 면박 대신 이 말을 들었다면 그보다 더한 칭찬
이 어디 있겠는가.

그래서 충분히 떠날 만하다.

대신 모든 것은 과도하게.

지중해의 오후, 이 시간이 되면 조용했던 마을이 분주해진
다. 낮잠을 즐기던 개들도 제집을 찾아 어슬렁거리며 사람
들은 여유 있게 에게 해의 풍경을 즐긴다. 해가 지면 시작
되는 내일의 걱정, 습관에 물든 시간, 저 해를 다시 볼 수 없
을지도 모른다는 두려움, 그것이야말로 여행을 귀중하게
만드는 무엇이다. 다행스럽게도 그리스에서 내일은 다시
저 풍경을 기대해도 좋다. 오직 지중해의 태양에 시간을 맞
추면 된다.

〈부록〉 지도

주요 여행 경로

아테네－엘레우시스－수니온－코린토스－미케네－나프폴리온－트
리폴리－미스트라스－모넴바시아－트리폴리－올림피아－파트라－
나프팍토스－델피－라미아－트리칼라－칼람바카－메테오라－아테
네－피레우스－이라클리온, 크레타－크노소스, 크레타－피라, 테라－
이아, 테라－아테네

김진영

문화재연구자, 전문작가이다.

경북대학교 철학과를 나왔고 경영·출판콘텐츠 기획 및 개발자였으며 동국대학교 문화
예술대학원에서 문화재 전공으로 학위를 받았다.

현재 동아문화재콘텐츠연구소 연구기획팀장으로 각종 문화재 연구조사에 참여하고 있는
연구자이자 문화재 전문작가이다.

저서로는『문화재콘텐츠 연구와 미술사소설 신공사뇌가(身空詞腦歌)』(2012)가 있다.

hellastraveler@gmail.com

그리스
미학 기행

초판 1쇄   2012년 10월 12일
초판 2쇄   2015년 04월 02일

지은이   김진영
펴낸이   채종준
펴낸곳   한국학술정보(주)
주 소   경기도 파주시 회동길 230 (문발동)
전 화   031) 908-3181(대표)
팩 스   031) 908-3189
홈페이지   http://ebook.kstudy.com
E-mail   출판사업부 publish@kstudy.com
등 록   제일산-115호(2000.6.19)

ISBN   978-89-268-3741-2 03920